苏东坡传

〈人生如逆旅，心安是吾乡〉

王浩延 / 著

民主与建设出版社
·北京·

© 民主与建设出版社，2024

图书在版编目（CIP）数据

苏东坡传：人生如逆旅，心安是吾乡 / 王浩延著.
北京：民主与建设出版社，2024. 7. -- ISBN 978-7-5139-4650-6

Ⅰ. K825.6

中国国家版本馆CIP数据核字第20246Y7S97号

苏东坡传：人生如逆旅，心安是吾乡
SU DONGPO ZHUAN RENSHENG RU NILÜ XIN'AN SHI WUXIANG

著　　者	王浩延
责任编辑	金　弦
特约策划	任程民　罗　双
封面设计	海　凝
出版发行	民主与建设出版社有限责任公司
电　　话	（010）59417749　59419778
社　　址	北京市海淀区西三环中路10号望海楼E座7层
邮　　编	100142
印　　刷	三河市同力彩印有限公司
版　　次	2024年7月第1版
印　　次	2024年7月第1次印刷
开　　本	880毫米×1230毫米　1/32
印　　张	7.25
字　　数	151千字
书　　号	ISBN 978-7-5139-4650-6
定　　价	45.00元

注：如有印、装质量问题，请与出版社联系。

序

在中国文化的历史长河中,苏东坡宛如一颗星辰,历经千年仍熠熠生辉。他凭借杰出的文学造诣、独树一帜的艺术风格和丰富多彩的人生履历,为后世留下了无尽的文化瑰宝与人生智慧。在他身上有很多标签:诗人、画家、书法家、美食家……然而,对于我们普通人来说,苏东坡身上的"乐观精神"最值得借鉴。

宋代被誉为"文人的天堂",苏东坡生活在这样的时代,本应该过着"白玉为堂金作马,珍珠如土金如铁"的富贵生活。然而,事实却并非如此。苏东坡一生坎坷,二十一岁名动京华,成为欧阳修的得意门生,高位时,他官至翰林学士,为皇帝起草文书;落魄时,他被困乌台的牢笼中,生死只在一线之间。

在四十多年的为官生涯中,苏东坡历经三次贬谪,辗转于十八个城市,行程累计四万余里。甚至在晚年,他还被贬至环境恶劣、荒凉贫瘠的儋州。然而,无论处于何种境地,苏东坡始终未放弃对生活的希望。被贬黄州时,他经常一个人在江边打水漂,以此自娱自乐;当生活拮据,钱财紧张时,他会把钱币放入篮子,并规定自己每日只能取用限定的数量,严格控制支出;一家人食不果腹时,他亲自开垦荒地,种粮种菜,化身"东坡老农",自力更生。即使面对种种困境,他仍把自己所剩无几的积蓄拿出来,办"救儿会",开学堂,治瘟疫,尽自己最大的能力帮助他人。

在生命的最后,苏东坡在金山寺用一首含悲带泣的《自题金山画像》总结了自己的一生:

心似已灰之木,身如不系之舟。
问汝平生功业,黄州惠州儋州。

苏东坡的一生是幸运的,也是不幸的。他生在对文人最好的时代,却命途多舛,颠沛流离地走完了一生。最终,苏东坡看开了,放下了,超脱了,不再想着"夜雨对床",也不再追求"致君尧舜"。他说"一蓑烟雨任平生""此心安处是吾乡"。

本书以苏东坡在各个时期的诗词作品为线索,参考史书记载、苏东坡与友人的信件、相关杂记、《东坡志林》等众多资料,通过精心的文字梳理,生动展现了在朝堂与民间、山水与红尘之间穿梭的、栩栩如生的苏东坡形象。与此同时,书中还对流传甚广的几桩公案进行了澄清与勘误,力求严谨、真实。

这不仅仅是一部传记,更是对一位伟大文人精神世界的探寻，和对一个波澜壮阔时代的反映。希望这本书能为您打开一扇窗，在全面了解苏东坡的同时，能更好地与自己相处，与世界相处。

目录

第一章 休言万事转头空，未转头时皆梦

第一节　眉山苏氏 ……………………………… 002

第二节　少年游 ………………………………… 006

第三节　三苏入京 ……………………………… 010

第四节　兄弟登科 ……………………………… 015

第五节　噩　耗 ………………………………… 020

第六节　夜雨对床 ……………………………… 024

第七节　上任凤翔 ……………………………… 029

第八节　十年生死两茫茫 ……………………… 034

第九节　熙宁变法 ……………………………… 039

第十节　被贬出京 ……………………………… 044

第十一节　杭州三年 …………………………… 048

第十二节　以杞为粮，以菊为粮 ……………… 054

第十三节　黄　楼 ……………………………… 062

第十四节　诀别徐州 …………………………… 067

第十五节　危　机 ……………………………… 070

第二章 自笑平生为口忙，老来事业转荒唐

第十六节　罗织罪名 …………………………… 078

第十七节　乌台诗案 …………………………… 083

第十八节　出　狱 ……………………………… 088

第十九节　黄　州 ……………………………… 093

第二十节　安贫乐道 …………………………… 099

第二十一节　东坡农人 ………………………… 104

1

第二十二节 一蓑烟雨任平生	109
第二十三节 交　游	115
第二十四节 朝　云	120
第二十五节 与佛结缘	127

第三章　老病思归真暂寓，功名如幻终何得

第二十六节 山高路远	132
第二十七节 一路交游	137
第二十八节 乞居常州	141
第二十九节 玉堂金马	146
第三十节　三党之争	152
第三十一节 二任杭州	157
第三十二节 人生如逆旅	163
第三十三节 颍州时光	167

第四章　此生归路转茫然，无数青山水拍天

第三十四节 扬州好风光，仇池梦难圆	174
第三十五节 哲宗亲政	179
第三十六节 上任定州	183
第三十七节 定州岁月	188
第三十八节 三改谪命	192
第三十九节 南　行	196
第四十节　苦中作乐	202
第四十一节 借刀杀人	206
第四十二节 儋州岁月	211
第四十三节 溘然长逝	217

参考文献 224

第一章

休言万事转头空,
未转头时皆梦

第一节
眉山苏氏

自战国时期秦太守李冰修建都江堰后,四川便"水旱从人,不知饥馑",有了"天府之国"的美誉。从都江堰出发一路南下,行经二百余里,便能到达眉山(古称眉州)。

眉山不大,却胜在风光秀丽,人杰地灵,素有"千载诗书城,人文第一州"的美誉,在两宋长达三百多年的历史里,眉山地区便有近千人考取进士。

陈寅恪先生曾一针见血地指出:"华夏文人之地位,历数千载之演进,造极于赵宋之世。"赵宋被称为"文人的天堂",想要出人头地,读书考取功名是最好的出路。然而,自五代动乱以来,蜀地便鲜少有人愿意出去做官,就算是耕读传家的苏家也不例外。

苏家的先祖可以追溯至唐朝。武则天时,朝中有个叫苏味道的大臣,三次拜相,三次被贬,为人圆滑,始终奉行"宁愿不做也不愿做错"的原则。他曾经对同僚说:"做事不能下明确决断,只需要'和稀泥'即可。"于是，便有了"苏模棱""模棱手"的诨号，成语"模棱两可"便是从此处来的。最后一次罢相，苏味道被贬眉州，自此苏家便在四川眉州生根散叶。

苏味道之后，苏家五代人虽饱读诗书，却没有一个热心功名的。苏家人天生便带着一股"人间逍遥客"的风采，骨子里透着一股乐天知命的味道。到苏序这一代，则又多了个"怪"字的注脚。

苏序年轻时，性格直爽豪迈，疾恶如仇，得了个"苏四大"的雅号——即酒量大、脾气大、个头大、嗓门大。苏序虽出身书香门第，却直到年老时才开始作诗，无事时便学张果老倒骑驴，腰间挂着一个酒葫芦，嘴里念念叨叨，一会儿工夫，心里所想便"一发为诗"，如此，短短十几年就写了上千首诗。

苏家经过几代积累，家境殷实。苏序曾盖了一个大粮仓，农田丰收后，将粮食攒下来，几年后，竟有几千石，人们都以为他要囤积居奇。不料，有一天眉州大旱，赤地千里，百姓食不果腹，苏序开仓放粮，"散谷千石"，成了一段佳话美谈。

苏序有三个儿子，苏澹、苏涣、苏洵，其中最不让人省心的就是苏洵。《三字经》中的"苏老泉，二十七。始发愤，读书籍"说的正是他。

幼时的苏洵继承了父亲的行事作风，是个十足的"淘气包"，成天领着一帮孩子四处闲逛。到了及冠之年，他便学着李白、杜甫"梦想仗剑走天涯"，走出眉山，领略山河之壮阔，并结识了司马光、王安石、曾巩、梅尧臣、欧阳修等当时响当当的人物。

有人曾问苏序:"家里的孩子不务正业,你怎么不管管?"

苏序自信地摆摆手,说:"吾儿当忧其不学耶?"

十八岁那年,苏洵娶妻程氏。程氏是眉山大理寺丞程文应之女,自幼受过良好的教育,志节不群,好读书,通古今,性格温婉贤淑。苏家虽薄有资产,但与程家家境相比则差之千里,加上这些年添丁进口,人吃马嚼,日子过得紧巴巴的。

更甚的是,苏洵仍四处旅游,毫无安家立业的想法。古人言"读万卷书,行万里路",但是,想行万里路,除了要有一副好腿脚之外,还要有白花花的银子。

程夫人对丈夫的做法虽不赞同,但仍努力扮演起了"贤内助"的角色:除了给丈夫提供路费之外,还努力维持一家人的生计,忍受他人的闲言碎语,甚至亲哥哥都拿"程家座上无闲人,往来无白丁"来嘲讽苏家。

在程夫人看来,自家夫君是有理想、有抱负、有才学的人,终有一天会功成名就。为了不让旁人看不起苏洵,她从不开口向娘家求助,再艰难的生活也甘之如饴。

二十五岁那年,苏洵突然性情大变,开始发愤读书。至于其中的原因,或许是兄长苏涣高中带来的影响,或许是苏洵年近而立,心中多了一份对于家庭的责任和担当。然而,第一次离乡应考,苏洵却落了第。乡试失败后,苏洵焚弃旧稿,决心从头开始闭门苦读,时年二十七岁。

他怕自己年龄太大,"学且废生",便去征求夫人的意见。程夫人告诉他:"只要你有心学习,家里的事交给我便好。"不久后,程夫人变卖嫁妆,在苏家"数破其业,危于饥寒"的困境中,于纱縠巷蚕市一条街上盘了间铺子,经营起了丝帛生意,撑起了整个家庭。

古时上学是件极奢侈的事,一来笔墨纸砚价格不菲,二来书籍难得,三来赶考游学也是一笔很大的花销。在程夫人的经营下,苏家的藏书颇具规模,苏轼在诗中曾写过"门前万竿竹,堂上四库书"。

古时生养不易,婴儿极易夭折。苏洵与程夫人共育有六个孩子,早先的两个女儿接连夭折,苏洵极为痛心。有一年,他在玉局观游玩时,看到一家店里挂着张果老的神像,店家说极为灵验,有求必应。苏洵便用随身玉佩换了来,挂在家中日日上香求子,几年后果然生下长子,但八岁夭折。之后又生了一个女儿,取名八娘。程夫人二十八岁时生下苏轼,苏轼出生后三年,弟弟苏辙也出生了。

第二节

少年游

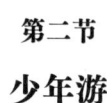

宋代重文轻武，读书风气极盛，各地书院星罗棋布。苏轼八岁那年，正式进入天庆观北极院，跟随张易简学习。书院当时有几百个孩子，张易简唯独钟爱苏轼与陈太初，时常夸赞他们。

有一次，一位京城来的读书人抄了份《庆历圣德颂》，拿给张易简看，谈起当时仁宗起用贤臣的事，苏轼躲在一旁偷听，越听越好奇，便直接走进屋里问："先生说的这些都是什么人？"

张易简笑着说："你一个小孩子，打听这些国家大事做什么？"

苏轼随即反驳道："他们难道是天上的神仙？倘若不是，我为什么不能问呢？"

张易简惊讶于这个"毛头小子"的才思敏捷和敢于质疑权威的勇气，便将韩琦、欧阳修、范仲淹、富弼等大人物给他讲了一遍。

苏轼每天放学之后，还要在家里接受父亲的教育。当时，苏洵不仅自己读书越发用功，对苏轼和苏辙的教育也更加严格，以至于苏轼六十三岁时还梦到小时候读书的情景，在《夜梦》中写道：

夜梦嬉游童子如，父师检责惊走书。
计功当毕《春秋》余，今乃始及桓庄初。
怛然悸寤心不舒，起坐有如挂钩鱼。

大意是：夜里梦到正和小伙伴们玩得高兴，父亲突然来检查课业。我跟他说好要读完《春秋》才能玩，可我刚读到桓公和庄公，这可怎么办才好？我立刻惊醒过来，心脏怦怦跳个不停，像是挂在钩上的鱼儿。

庆历三年（1043年），苏轼八岁，苏洵再次进京赶考，一去便是两年。程夫人便承担起了教子的责任。她本是出身名门的大家闺秀，自幼熟读诗书，知书达理。程夫人常给苏轼、苏辙讲古时圣贤的故事，勉励他们做个正直之人，告诉他们："汝果能死直道，吾亦无戚焉。"

有一次，程夫人讲《后汉书·范滂传》。东汉时期，范滂因清廉正直、不畏奸佞受宦官诬陷，临行前他与母亲诀别时对母亲说："我死得其所，母亲不必哀伤。"范母听后说："我的儿子能与李膺、杜密这样的名士齐名，我有什么好伤心的呢？"范滂听后涕泗滂沱，跪地叩首与母亲诀别，转身对幼子说："吾欲使汝为恶，则恶不可为；使汝为善，则我不为恶。"范滂从容赴死时，年仅三十三岁,观者无不落泪。

年仅十岁的苏轼听完范滂的故事之后,心情激荡,抬头认真地问母亲说:"我长大后如果要做范滂,母亲答应吗?"

程夫人摸摸他的小脑袋,坚定地说:"你能做范滂,我难道就不能做范母吗?"

自此,年幼的苏轼心中,便种下了一颗名为正直的种子,在往后的岁月中,这颗种子逐渐发芽,长成参天大树,成就了他的盛名,也成了他一生颠沛流离的注脚。

苏轼的性格很像祖父苏序,是个天生的乐天派,但身上那股淘气的劲头又像苏洵。学习之余,他总是和一群孩子四处疯玩,爬到树上掏鸟窝、"狂走"山里"觅梨栗",钻进菜园刨坑,下到河里摸鱼,来去如同一阵风似的。

程夫人生性良善,对万物都有慈悲之心,尤其厌恶杀生。有一次,她专程把家里所有的人找来"开会",严令所有人不得伤害鸟雀。几年的时间,鸟雀们都争相把巢筑在花木的低枝上,一低头就能看到巢里的幼鸟。这件事,苏轼后来记在《记先夫人不残鸟雀》中。

在程夫人的言传身教下,苏轼从小心中便有一种悲天悯人的情怀,这种悲悯也成了他一生的性格底色。在成为"父母官"之后,苏轼将这种情怀融入政务之中,他广施仁政,成立"救儿会",建苏堤,这些都是后话。

苏轼不仅天资聪颖,而且学习刻苦,在学问上决不含糊,下足了苦工,像《汉书》这样的皇皇巨著都能抄写三遍。靠着天分与努力，他十岁便能提笔作文，写出《黠鼠赋》这样的佳作，文章大意是：夜里，一个叫苏子的人坐在床上，忽然听到老鼠咬袋子的声音。苏子叫童子拿着蜡烛寻找，果然在床下发现一个袋子，但袋中的老鼠已死。童子诧异："老鼠刚才还在咬袋子，怎么突然就没声了？难道是鬼怪作祟？"正寻思着，他把老鼠倒了出来，谁知老鼠一落地便撒腿逃走。苏子叹气说："这老鼠就是因为自己咬不破袋子，才故意发出声音吸引人，又假死逃生。人贵为万物主宰，却被一只老鼠愚弄利用，落入圈套之中，人的智慧又在哪里呢？"最后，苏轼借苏子之口得出结论："人能碎千金之璧，不能无失声于破釜，能搏猛虎，不能无变色于蜂虿。"

这样一篇内涵丰富、以物寓意，蕴含"万物皆有灵，草木有本心"的文章，竟出自十岁孩童之手，连苏洵看后也连连赞叹。

几年后，苏轼便进了另一座学堂，师从眉山私塾首座刘微之。刘微之在当地颇有名气，平日里作的诗从不轻易示人，只有极为得意的作品才肯拿出来。

一日，刘微之在课堂上诵读自己的诗作，其中有"渔人忽惊起，雪片逐风斜"两句，不料苏轼当即表示："雪片逐风斜"改成"雪片落蒹葭"更好。

刘微之反复推敲，甚为叹服，逢人便感慨地说："我已经没有资格做他（苏轼）的老师了。"由此可见苏轼天赋异禀。

第三节
三苏入京

宋仁宗皇祐五年（1053年），苏家出了件大事，苏轼的姐姐苏八娘遭夫家虐待致死，年仅十八岁。苏家上下肝肠寸断，程夫人最为痛心。

原来，苏八娘所嫁之人乃程夫人的外甥程之才。苏洵悲痛之余，写了篇文章痛斥程家，同时断绝一切往来。最可怜的是程夫人，一夜之间痛失爱女，又断了娘家的根。

苏八娘虽婚姻不幸，苏轼却有一段美好姻缘。当时，眉山有个乡贡进士王方，辞官回乡教书，很有才名，苏轼兄弟当时正在他执教的书院求学。闲暇时，苏轼常到青神中岩寺水边观景，感叹好水无鱼，甚是可惜。一日兴从中来，拊掌三声，岩穴中竟游出不少鱼来。苏轼大喜，将这件事告诉了王方，并建议他给池子取个美名。

几天后，王方遍邀才学之士，在池边竞名。可是，这些人起的名字要么太俗，要么太晦涩，王方听得直摇头，他看向自己的得意门生苏轼。苏轼当即提笔写下"唤鱼池"三字。

王方大喜,这池里的鱼唤之即来,"唤鱼"二字极为贴切、传神!这时,一个丫鬟也送来一张王方女儿王弗写的字条,王方一看,也是"唤鱼池"。围观者纷纷拍掌叫绝,感叹"不谋而合,韵成双璧"。有了这次的巧合作铺垫,一年后,苏轼与王弗结为夫妇。现在,唤鱼池边还立着两人的雕塑。

王弗出身书香门第,知书达理,为人谦逊。成婚之后,苏轼读书时,她常伴左右,苏轼偶有遗忘,她总能补上。

苏轼为人心直口快,每次见客时,王弗总是悄立屏后,待客人散尽,她才出来温言细语地为苏轼分析客人说话的动机,人品的好坏。有人和苏轼套近乎,王弗便告诉他,这种人不能深交;有人和苏轼争论,王弗便告诉他,你本来就是对的,为什么要和人争得面红耳赤呢?这便是后世流传的"幕后听言"的典故。

苏家虽逢喜事,但此时的四川并不太平,这还要从发生在西南边陲的一场叛乱说起。

广源州(今越南高平省广渊县)少数民族首领侬智高,因开罪交趾国(今越南),归附宋廷又屡次遭到拒绝,索性起兵反宋,挥师东进,战火迅速蔓延,广州一度被围。

当时,蜀中盛传侬智高大军即将压境,不少人都吓得变卖家产,四处逃难,二十万人涌向成都。益州知州也十分惶恐,马上加派人手加固城墙,日夜操练军队,弄得人心惶惶。而且北宋开国之后,四川先后发生过多次叛乱,朝廷对此已经风声鹤唳。消息传到汴梁,仁宗立刻派张方平入川主持大局。

张方平是当时公认的"奇才",有过目不忘的本事,曾出使过契丹,很受仁宗器重。他来到四川之后,断定侬智高攻蜀必是谣言,立刻下令停止筑城,遣返士兵,一切照常。为了安定民心,他还亲自主持了上元节灯会,城门三夜不关,派人抓获造谣之人并将其斩首,蜀地这才安定下来。

当时的地方官,除处理地方政务外,还担负着为国家举贤的重任,以保证"野无遗贤"。张方平早就听说过眉山苏洵颇具才华,很想一见,苏洵对张方平的为人也早有耳闻。蜀地谣言平复之后,苏洵便带着儿子们前来成都拜谒,完成了一场"双向奔赴"。

张方平只比苏洵大两岁,年龄相仿,聊得也十分投机,"论古今治乱,及一时人物,皆不谋而同"。更为有趣的是,两人对当时的政坛"新星"王安石的厌恶也达成了一致。后来,苏洵甚至还专门写了一篇文章,说王安石"衣臣虏之衣,食犬彘之食,囚首丧面而谈诗书",意思是穿得脏兮兮的,吃猪狗的食物,蓬头垢面好似囚犯。

闲聊间,张方平得知苏轼正在读《汉书》,而且已经读了两遍,还准备读第三遍。张方平便忍不住说:"书读一遍就好了,哪需要看这么多遍?"苏轼却说,每读一遍都会有新的见解。

张方平这样说是因为小时候家里穷,书都是借来的,读完就要还回去,于是练成了过目不忘的本事,他最辉煌的"战绩"是在十几天内读完《史记》《汉书》《三国志》,且"已得其详",被当时的副相蔡齐称为"天下奇才"。

为了进一步测试苏家兄弟的才能，张方平又给他们出了几道题。经过一轮"面试"，一轮"笔试"，张方平老怀大慰，认为苏家兄弟"皆天才，长者明敏，尤可爱，然少者谨重，成就或过之"。这句话后来果然应验。

这次到成都，苏家三父子都享受到了"国士待遇"：不但住宿条件好，还有车接送，桌上有肉，壶里有酒，说不出的快意。就连苏辙这样沉稳的人，也作了首颇有炫耀意味的诗："成都多游士，投谒密如栉。纷然众人中，顾我好颜色。"

古代读书人，以修身齐家治国平天下为终生所求。学有所成，下一步自然要求个金榜题名。宋代科举分为解试、省试、殿试三级。学子通过解试被称为举人，才算获得了参加礼部省试的资格，之后再参加由皇帝亲自主持的殿试，殿试第一名称为"状元"。

在解试这个环节上，苏洵犯了难。原来，当时父子三人都没有参加当地的解试，也就没有参加"全国统考"——省试的资格，而省试三年举办一次，最近的一次也在两年后了。唯一能指望的就是张方平了。

可是，张方平和欧阳修的关系却不怎么融洽。原来，在庆历初年，范仲淹在仁宗的支持下推动改革，想要改变宋朝积贫积弱的局面，这就是有名的庆历新政。不久之后，改革失败，张方平时任御史中丞，对改革派众人大力抨击，因此与欧阳修交恶，两人之间没有任何书信往来。

当时，欧阳修是文坛领袖，以翰林学士身份主持进士考试，想要让三苏出人头地，找欧阳修是最好的选择。张方平虽然与欧阳修交恶，但说到底只是政见不同，并没有私人恩怨。

张方平深知欧阳修奖掖后进，为国选材的君子之风，于是修书一封，向他大力举荐苏家父子，并请求他让苏家兄弟在开封参加解试。

万事俱备，北宋嘉祐初年（1056年），苏洵带二子进京应试，临行前，张方平为他们每人准备了一套新衣服，还赞助了不少路费。这一年，苏洵四十七岁，苏轼二十一岁，苏辙十九岁。

第四节

兄弟登科

北宋都城汴梁（今河南省开封市）是当时最繁华的大都市，人口百万，百业兴盛，汴河、蔡河、五丈河、金水河四水环城，皆由护城河沟通，有"四水贯都"之称，天下一半财物都通过水路运抵开封。城中水道众多，为城市重要的经济命脉。

这样的城市布局固然便利，但一旦遭遇水患，后果不堪设想。嘉祐初年（1056年）五月，开封连着下了两个多月的暴雨，蔡河水位暴涨，灌入城中，淹没无数房屋。

欧阳修在《论水灾疏》中写道："大川小水皆出为灾，远方近畿无不被害。"《宋史》中也记载了当时的景象："自五月大雨不止，水冒安上门，门关折，坏官司庐舍数万区，城上系筏渡人。"

这场大水带来的危害，欧阳修是很有发言权的。当时，欧阳修住在城中的一片洼地，不得不带着全家老小仓皇搬到一个临时住处。可是，刚住下没几天，又被皇城司官员驱赶，只能回到家中，住在木筏上。朝中三品大员尚且如此，普通人的生活可想而知。

经过两个多月的跋涉，苏家父子三人抵达京城开封时，恰逢五月。对于苏家兄弟来说，参加解试属于"降维打击"，两人顺利通过解试，苏轼还得了个第二名，之后便"两耳不闻窗外事，一心只读圣贤书"，紧张地准备第二年的考试，即省试。

儿子们有了举人的身份，苏洵悬着的一颗心也算放下了。九月，他便带着张方平的介绍信，挑了七篇得意文章拜访欧阳修。虽然欧阳修与张方平政见不合，素有嫌隙，但是欧阳修毕竟是文坛领袖，又爱才如命，即使是政敌举荐的人才，他也以上宾待之，可见其君子之风。在读完苏洵的文章之后，欧阳修认为贾谊、刘向的才学也不过如此，他更是逢人便夸赞苏洵的文章，还把苏洵所作的《权书》等二十篇文章上荐朝廷，作《荐布衣苏洵状》，文中写道："其论议精于物理，而善识变权；文章不为空言，而期于有用。"

有了欧阳修的大力推荐，苏洵在京城中声名鹊起。九月，韩琦在家中设宴，邀请的都是当时的朝中宰执（宰相等执掌国家政事的重臣）。欧阳修有意提携苏洵，竟让他"以布衣参其间，都人以为异礼"。从三次考试不第的落魄书生，一跃成为宰执的座上宾，身份如此天差地别，苏洵自己也有种恍如隔世的感觉。

在酒宴上，苏洵和几位大员混了个脸熟，心思也活络了起来，之后便给韩琦、文彦博、富弼等大人物都写了信。不过，这些人并不买他的账。欧阳修虽然极力夸赞，但苏洵毕竟是一介布衣,加上他外冷内热的性格,很容易给人留下恃才傲物的印象。因此即使在欧阳修的极力举荐下,苏洵也只得了个芝麻小官。

其实,欧阳修对苏洵的偏爱也有私心。当时,宋代文风沿袭晚唐五代,文人们喜欢堆砌辞藻,华而不实,形成了"西昆体"。后来,太学讲官石介极力批判,又矫枉过正,形成了另一种险怪艰涩的文风"太学体",在太学中十分流行。

欧阳修极其反感"太学体"这种文风,推崇韩愈、柳宗元,主张文章应该平易自然,有血有肉,反映社会现实,这一观点得到了宋仁宗的大力支持。苏洵的文章,正好符合欧阳修的口味,全篇没有一句废话,全是能解决实际问题的建议。

嘉祐二年(1057年)春,宋仁宗任命欧阳修为主考官,这位文坛领袖早就打定了主意,要好好对付对付这些太学中"掉书袋"的学生,只要发现"太学体",一概不予录取。

这场科举考试中涌显出了许多文坛名家和政治家,唐宋八大家中的苏轼、苏辙、曾巩都是这一榜的进士,理学创始人张载、程颢同榜及第,还有以"奇计、奇捷、奇赏"著称的名将王韶,后来影响朝局的曾布、张璪、郑雍、梁焘、吕惠卿、章惇,等等,也都是这一届的考生,堪称"北宋群星荟萃"。

当时,科举考试采用"糊名法和誊录制",糊名即将考卷的考生名字盖住,誊录即考完之后还要有专人誊抄试卷,防止主考官从字迹上认出自己的学生。然而,因为这个缘故,还阴差阳错地闹了个误会。

阅卷时,副考官梅尧臣读到苏轼的《刑赏忠厚之至论》时,认为这篇文章以忠厚立论，结构严谨，用典朴实，不乏文采，赶紧拿给欧阳修看。欧阳修一看，果然如获至宝，本想排在第一名。可是，他误以为这篇文章是自己的弟子曾巩之作，为了避嫌，只好让它屈居第二。

科举放榜，按照综合成绩，苏轼排名第二，苏辙也榜上有名。三月十八日，通过省试的举子们聚集在皇宫，由仁宗亲自举行殿试，敲定排名。最终，仁宗皇帝钦点三甲：状元章衡、榜眼窦卞、探花罗恺，苏轼只得了个"乙科"，苏辙更惨，得了个"丙科"。

仁宗时期，进士分为甲科、乙科、丙科，甲科是成绩最好的，赐"进士及第"，可以直接做官，乙科分为二甲、三甲、四甲，赐"进士出身"，也可以直接做官，丙科也称为五甲，官职需要候补。

很多人认为苏轼在科举中得了榜眼，很多作品中也有这样的表述，如李一冰先生的《苏东坡新传》中便写道"眉州苏轼得第二，为榜眼"，林语堂先生的《苏东坡传》中也有"他那时才二十岁，成为进士，在三百八十八人之中几乎名列榜首"的表述，这其实是个误会，误把省试成绩当成了殿试成绩。这一点，苏辙在《东坡先生墓志铭》中写得很清楚："（苏轼）殿试中乙科。"另外，苏轼在《上梅直讲书》中写过"今年春，天下之士，群至于礼部，执事与欧阳公实亲试之。轼不自意，获在第二"。从"礼部"可知，这里说的第二名其实也是省试，《太平治迹统类》卷二八，《祖宗科举取人》等作品中也有相同记载。

古人有四大喜事：久旱逢甘霖，他乡遇故知，洞房花烛夜，金榜题名时。苏家两兄弟同时登科，一时在汴京城传为美谈，苏洵做梦恐怕都要笑醒，自己虽然没能考中，却培养了两个有出息的儿子。

后来，有人问苏洵的感想，他作了首打油诗回应："莫道登科易，老夫如登天。莫道登科难，小儿如拾芥。"

苏洵的诗细品之下，除了带着四分骄傲，三分炫耀之外，还有一分自嘲，一分不甘，一分落寞。

第五节

噩 耗

按照惯例，科举放榜之后，新科进士都要拜谢主考官，苏轼当然也不例外，他给欧阳修、梅尧臣等几位考官写了感谢信，其中以给欧阳修的信最为有名。

在《谢欧阳内翰书》中，苏轼表达了两个主题：一是盛赞唐代和彼时由欧阳修引领的"古文运动"，认为朝廷应该"招来雄俊魁伟、敦厚朴直之士，罢去浮巧轻媚、丛错采绣之文"；二是表达对欧阳修的感激之情，"使得摺笏跪起，谢恩于门下。闻之古人，士无贤愚，惟其所遇"。通篇五百多字，洋洋洒洒，自然奔放，如同大江一泻千里，欧阳修读完之后不禁感叹："读轼书，不觉汗出。快哉，快哉！老夫当避路，放他出一头地。"这便是成语"出一头地"的出处。

几天后，苏洵带着苏轼、苏辙登门拜谢。欧阳修也一直有件事想不明白，想要"请教"一下苏轼。原来，苏轼的文章《刑赏忠厚之至论》中引用了一个典故："当尧之时，皋陶为士。将杀人，皋陶曰'杀之'三，尧曰'宥之'三。"这段话的意思是，尧当政时，皋陶掌管刑法，想要处死一个人，皋陶三次都说当杀，尧帝却一连三次说应当宽恕。欧阳修与梅尧臣这两位文坛"大佬"都没有听过这个典故。不料，苏轼微微一笑说："想当然耳。"意思是"按照两人的性格，我想着他们应该说过这样的话"。也就是说，这典故是他杜撰的。欧阳修闻言不怒反喜，认为苏轼头脑灵活，敢于创新，后来，他甚至在与人讨论苏轼的文章时说："再过三十年，世上的人恐怕就只知道苏轼，而不知我欧阳修了。"

见到苏轼之后，欧阳修被这个后辈的才气与性情折服，逢人便夸苏轼的文章，一时间，这个来自西南边陲的青年声名鹊起，年仅二十一岁就直接进入北宋的文坛核心，这样的待遇，千年来也没几个人享受过。

正当苏轼年少成名，踌躇满志时，眉山却传来噩耗：嘉祐二年（1057年），程夫人于家中病逝，享年四十八岁。一时间，苏家父子的心情从云端跌落谷底。苏轼兄弟回想起母亲的谆谆教诲，她操劳一生，至死都没有收到儿子们金榜题名的喜讯，更是哭天抢地，痛不欲生。

按当时的制度，父母去世后子女要回乡守制三年，其间不得行婚嫁之事，不预吉庆之典，任官者必须离职，称为丁忧。这是儒家传统的规矩，自汉代以来，无论官职大小都要严格执行。如果发现有人不遵照这一规定，将受到极为严厉的惩罚。明代张居正身为内阁首辅，也曾因为丁忧闹出过一场政治风波，甚至成为清算他的理由之一，可见当时对这个制度的重视。

归家路上，苏家父子风餐露宿，披星戴月，沉浸在巨大的悲痛之中。程夫人出身豪门，从小过着"十指不沾阳春水"的优渥生活，十八岁嫁入苏家之后，她却甘愿忍受贫寒，一心相夫教子，承担起整个家庭的重担。丈夫到处游历，屡试不中，她一句埋怨也没有，反而认定自家夫君天资过人，总有一天能出人头地。丈夫走后，她又承担起儿子们的启蒙任务，精心抚养苏氏兄弟，谆谆教诲，鼓励他们"奋厉有当世志""立乎大志，不辱苏门"。

程夫人一生要强，她不想自家日子过得比别人差，于是抛头露面，做起了买卖；不想让人嘲笑自己的丈夫，便悄悄变卖嫁妆；不想让家中的男人们有后顾之忧，便带着两个年轻的媳妇独自守在眉山老家，一心盼望着夫君和儿子能够出人头地。女儿死后，她与娘家断绝关系。作为"贤妻良母"，她心中的苦无法向任何人倾诉。

可是，苦熬二十载，程夫人没有等来儿子高中的喜讯便撒手人寰，苏家兄弟也没来得及见上母亲的最后一面，"归来空堂，哭不见人"。屈指一算，苏家父子离家已有四百多天，三人赶回家才发现，仅一年多的时间，家中早已墙倒屋塌，一片惨淡。想起母亲生前种种，苏家兄弟哭得更加撕心裂肺，四邻闻之，无不落泪。

苏洵回想过往，深深的愧疚涌上心头，如果自己能够早点扛起家里的重担，夫人就不会过得这么辛苦，也不会英年早逝。可是，世上的事哪有如果？只有"呜呼死矣，不可再得"罢了。

十一月，程夫人安葬于眉山安镇老翁泉旁，即今四川省眉山市东北二十七里的苏坡山。据传，苏洵曾在此处见过一位白发飘飘，举止俊雅的老翁，有人靠近，老翁便会消失于泉水之中，苏洵的号"老泉"也得名于此。后来，苏洵也长眠此地，这里还有苏轼、苏辙的衣冠冢。王弗去世后也葬在这里，苏轼在这里"手植青松三万栽"，千年来松涛阵阵，如今依然可见。

自此，苏家兄弟便在家乡为亡母安心守丧，精进学问。

第六节

夜雨对床

嘉祐四年（1059年），苏轼兄弟结束三年守制，返回京城。这次出行，与三年前大不相同。一来是举家出蜀，除了苏家父子之外，还有两个儿媳妇，王弗也有了身孕。二来苏家兄弟现在都有功名在身，到京城办理完手续就能做官，心里更有底气。

一家人从眉山出发，沿长江顺流而下，得以饱览沿途秀丽江山。闲暇之余，父子三人就坐在一起"博弈饮酒"，诗文唱和，仅这段旅程便留下了一百多首作品，这就是后来苏轼编写的《南行集》。

到达江陵（今湖北省荆州市）已是十二月，一家人弃舟登陆，在当地热热闹闹地过了个春节，到达汴京已经是次年二月。从江陵到开封，父子三人也创作了不少诗文作品，这就是后来的《南行后集》。

在总结这一路上的收获时，苏轼得出了一个结论："耳目之所接",而"杂然有触于中",艺术灵感就会迸发出来,创作出有血有肉的作品,这是一种自然而然的过程,就像草木发芽一样自然。

这一点,苏辙说得更加令人动容:"至京师,仰观天子宫阙之壮,与仓廪府库、城池苑囿之富且大也,而后知天下之巨丽!"这种源自本能的震撼绝不是空想出来的。

抵达开封几个月后,朝廷的诏令终于下来了。苏轼授河南福昌县主簿,苏辙授河南渑池县主簿。宋代官制,分为九个品级,每个品级又分正、从两级。县主簿是县令的副官,从九品,日常做些起草文件、管理档案、印章等杂务。

苏轼兄弟这种连欧阳修都为之叹服的大才,岂会甘心当个小小的县主簿?于是,兄弟两人还没上任就递交了辞呈,准备制科考试。

制科考试属于"特招",招收某一方面的"特长生",举办时间不固定,通常由皇帝下诏临时安排。仁宗朝文风鼎盛,制科的数量也达到了九科之多。其中,高蹈丘园科、沉沦草泽科、茂材异等科向布衣开放,解决部分学子"偏科"问题。其余贤良方正能直言极谏科、博通坟典达于教化科、才识兼茂明于体用科等六科向官员开放,选拔能力突出的人才。

相比科举考试,制科的难度更大。一来由皇帝亲自问对,每届只选五人;二来需要有朝中大臣推荐,无形中就产生了连带责任,大臣们在举荐人才时,必须得先过自己这一关;三来考试内容更加复杂,单是策论就要五十篇,如果不是真正的大才,光是写这些文章就要挠破脑袋了。

程夫人去世后,苏家产业凋敝,守制三年,一大家子人吃马嚼,到汴梁之后又租了间房,早就家徒四壁了。为了安心备考,苏轼兄弟干脆搬到驿站,每天埋头苦读。吃饭时,桌上只有白萝卜、米饭和盐,被苏轼戏称为"三白饭"。

几年后,苏轼的朋友刘攽邀请他去赴家宴,吃"皛饭"。苏轼是个老饕,却从没听过这样的食物,便对身边人说:"刘攽学识渊博,这饭里一定有什么典故。"等他兴冲冲地赶去赴宴时,才发现桌上摆着白萝卜、米饭和盐三样东西,"三白"可不就是"皛"吗?

苏家兄弟从千里之外远赴京城,金榜题名,意气风发,转眼五年已过,却仍然吃着"三白饭",住着破驿站,读着"之乎者也",想必也感慨良多吧?在一个风雨交加的夜晚,苏轼读到"那知风雨夜,复此对床眠"两句,与苏辙做了"夜雨对床"的约定。

在此后长达四十多年的时间里,这个约定一直在兄弟两人心头萦绕,盼望能有一天家人团聚,兄弟重逢,在家乡的潇潇夜雨中促膝长谈。然而,终其一生,这个约定都没有实现。若干年后,苏轼在诗中写道:"寒灯相对记畴昔,夜雨何时听萧瑟?君知此意不可忘,慎勿苦爱高官职。"苏轼去世后,苏辙也在追思亡兄的祭文中写过:"昔时宦游,诵韦氏诗'夜雨对床',后勿有违。"

正是少年不知前路险,壮志凌云,相约夜雨对床。走过十万八千里，归途茫茫，蓦然回首时，才发现故人不在，天人永隔，从此成千古绝唱。

经过半年紧张准备，八月，仁宗皇帝驾临崇政殿，亲试"贤良方正能直言极谏"策问，选拔直言敢谏的官员。苏洵曾给两个儿子写过一篇寓意深长的《名二子说》，讲述了自己给儿子取名的寓意，文章里说："车轮、车辐、车盖、车轸，在车上都各司其职，唯独车轼好像是没有用处。虽如此，但如果去掉轼，就不是一辆完整的车了。""轼"是古代车厢前面用作扶手的横木，形状像足球门框，供人在车子颠簸时抓扶或凭倚之用。

苏洵的意思是，苏轼锋芒毕露，为人刚直，不会掩饰自己内心的想法，过刚易折。车辙是古代车辆行驶后留下的车轮压痕。苏洵这样说，是知道苏辙性子温良忠厚，必然能够免除灾祸。常言道，知子莫若父，苏洵的这篇文章，几乎预言了两个儿子之后的人生轨迹，当时，苏轼十一岁，苏辙八岁。

不过，这次考试，苏轼收敛许多，苏辙却锋芒毕露，他在文章中几乎把仁宗皇帝大骂了一通。先是说他办学半途而废，不算好皇帝，接着又指责他让各地进贡金银珠宝，增加百姓负担，最后，他又把矛头指向了仁宗的"私生活"，认为他以五十多岁的高龄选嫔妃，怠慢朝政，是"亡国之兆"。

最终，制科成绩出炉，共录取三人，苏轼入第三等，苏辙被列为下等，还有一人是王介。按叶梦得在《石林燕语》中的记载："制科分五等，上二等皆虚，惟以下三等取人，然中选者，亦皆第四等。"因此，苏轼此次考中比中状元还难，因此被称为

"百年第一"。

亲试结束后,仁宗回到后宫,激动地对皇后曹氏说:"朕又给子孙后代选中两个宰相之才。"说的正是苏家兄弟。若干年后,苏辙也承认当年文章中的事,大多是捕风捉影,也算给仁宗翻了案。

第七节
上任凤翔

一夜之间，苏家兄弟名遍京师，成为如日方升的文坛新星。士子们争相模仿苏氏文风，传抄苏家文章。

苏轼当时有多受推崇呢？南宋朱弁在《曲洧旧闻》中写道："东坡诗文，落笔辄为人所传诵。每一篇到，欧阳公为终日喜，前后类如此。""士大夫不能诵坡诗，便自觉气索，而人或谓之不韵。"

苏轼二十六岁年少成名，志得意满，一时风头无两。

两个儿子这样出息，苏洵心中大悦，干脆在宜秋门买了一栋宅子，起名"南园"，结束了一家人的租房生活。宜秋门为内城西墙南门，即今开封城西墙南门附近，位于皇宫西南方向。从此地从州桥向西经宜秋门至顺天门是汴梁城的四条主要街道之一，为皇帝御路，南园就在御路一侧，属于核心地段。

"长安居，大不易"，制考之前，苏家兄弟还在驿站里吃"三白饭"，短短几个月居然能豪掷千金买房，这钱是哪里来的呢？

原来，苏洵为了安顿一家老小，厚着脸皮给老乡范镇写信，借了几十万钱，才把房款付清。

几天后，朝廷诏命下达，苏轼任大理评事、签书凤翔府节度判官，苏辙任秘书省校书郎充商州军事推官。宋代大理寺掌刑狱，属于司法系统。秘书省掌国家藏书。大理评事、秘书省校书郎都是寄禄官，有官职，发工资，但不代表有实际职务，判官与推官才是真正的差遣职务。凤翔府节度判官是"郡僚之长"，地位在本州其他属官之上，军事推官主管案件审理等工作。

宋代重文轻武，科举录取名额连年增加，导致文官数量居高不下，朝廷却拿不出这么多官职，索性用"官职差遣"的办法，把"职"和"差"分开。这样虽然解决了文官过多的问题，却造成官制混乱，机构臃肿，为"冗官"添了一把火。

诏命下达之后，当时任知制诰（负责草拟文书的官职）的王安石却提出了反对意见。他认为，苏辙一味攻击皇上，偏袒宰相，和西汉时期趋炎附势的谷永一样，因此不愿意写任命书。王安石是个倔脾气，他认为不合理的事，即使皇帝下令也敢违拗。加上当时朝中对于苏辙议论纷纷，苏辙干脆以照顾苏洵的名义，辞官不仕，在南园安心住了下来。

嘉祐六年（1061年）十二月，苏轼带着妻子王弗，长子苏迈抵达凤翔任所。

宋初虽然沿袭唐制，但在全国的行政区划上有所不同，太宗时，地方行政区经过调整，把全国划分成十五个区域进行管理，这些区域被称为"路"。不过路的数量并不是固定的，此后增至十八、二十一、二十四，甚至二十六路。每一路的行政机构再做划分，设立漕司、仓司、帅司、宪司四司，分别负责财税、仓储、兵民、刑狱，四司互不统属，长官地位相当，拥有独立机构和官员系统，直接对中央负责。宋代的皇帝之所以这样做，是吸取唐朝灭亡的教训，防止地方坐大，形成割据势力。路下再设州、县，最终形成路、州、县三级行政区划。苏轼走马上任的凤翔府隶属秦凤路，下辖九县，治所在现在的陕西省宝鸡市凤翔县内。

那一年，二十多岁的苏轼年少成名，科场得意，享誉文坛，正是意气风发，踌躇满志的时候，他立志要做辅佐尧舜之君的名臣。临行那天，朔风呼啸，天寒地冻，苏辙对哥哥说："官场的风也如同这般，你我兄弟注定聚少离多。"苏轼豪迈一笑，大手一挥，回答："大丈夫生于天地之间，自然要报效国家，上不负君父，下不愧黎民，何故作此小儿女姿态？"苏辙哪里知道，他转身离开后，哥哥在朔风中凝望良久，差点掉下泪来。

现代人大概很难理解古代的别离，凤翔距离汴京七百公里，坐高铁不过几个小时而已。然而，对于古人来说，千里之行谈何容易。何况苏轼有官职在身，身不由己，此去经年，兄弟何时能够重聚，哪里由得了他？回想起过去二十多年兄弟相伴的点点滴滴，悲从中来，如何能不伤心落泪？

凤翔古名雍州，因"凤凰鸣于岐、翔于雍"而得名。初到凤翔，苏轼的生活十分不错。顶头上司凤翔太守宋选是出了名的"老好人"，待人宽厚，对苏轼这个文坛新星尤其照顾。凤翔县令胡允文更不用说，他不仅是苏轼的老乡，还跟随苏洵读过书，他立刻给苏轼一家三口安排了个上好的官舍。第二年，苏轼又在附近辟了个园子，种上花草树木，引水养鱼，非常惬意。

苏轼在凤翔的政务，除了"签署一局，兼掌五曹文书"外，还负责"编木筏竹，东下河渭"两件政务。即用木筏运送皇家用的木料，将米粮、辎重供给西部边防，这两件政务都要服徭役的百姓义务完成。更要命的是，运送过程中一旦有官物丢失，百姓轻则入狱，重则家破人亡。

苏轼到任不久便注意到，木筏水运的政策之所以为害一方，最大的症结在于当地官府的错误安排，官府经常在涨水期间下令运送。于是，苏轼当机立断，对政策进行修改，使衙前可自择水工，按时令编木筏竹，"衙前之害减半"。封建王朝，地方官的一句话就能影响到成千上万百姓的生计，甚至生死，然而，苏轼这样能够深入实地、体察民情的官员实在少之又少，这也是苏轼在千年之后仍为人们所称道的重要原因之一。

凤翔有三绝：姑娘手、西凤酒、东湖柳。姑娘手说的是这里的女子手巧，西凤酒是凤翔的名酒，至于东湖，便是苏轼带领百姓清除河道淤泥，扩建饮凤池造就的。东湖上还有个著名的喜雨亭，这个亭子也与苏轼有关。

当时凤翔大旱，苏轼亲自登山求雨，作《凤翔太白山祈雨祝文》，文中写道："今旬不雨，即为凶岁，民食不继，盗贼且起。"足见他对百姓的挂怀。不久之后，天降喜雨，百姓奔走相告，此时湖上的亭子也正好落成，因此得名"喜雨亭"。苏轼还给这座亭子写了篇传世佳作——《喜雨亭记》,其中有"农夫相与忭于野,忧者以乐,病者以愈"这样的句子,这是真正的忧民所忧,喜民所喜。

第八节
十年生死两茫茫

苏轼到凤翔的第三年（1064年），陈希亮接替宋选担任太守。陈希亮，字公弼，幼年时父母早亡，靠哥哥为生。陈希亮的哥哥是个贪财的人。陈希亮十六岁的时候，哥哥让他管理房贷收取利息，陈希亮将欠款的人全部叫来，当着他们的面一把火烧了借据，只身外出寻师，后来竟金榜题名，高中进士。

入仕之后，陈希亮更是以铁面无私著称，抓过权贵，拆过上百座祠堂。有一次，皇亲沈元吉杀人，旁人都不敢过问，陈希亮直接把他抓来审问，没想到沈元吉竟被吓死。

陈希亮身材矮小，时常板着一张脸，对下属十分严苛，经常面斥过错，且不留情面，官员们见他来，没有不害怕的。苏轼又是个乐天派，性格豪迈，说话也是直来直去，凡事都要据理力争。这两人碰上，自然是水火不容，经常针尖对麦芒，争得面红耳赤。

可是，陈希亮毕竟官大一级，有拍板的权力，苏轼只能暗地里讽刺他，时间一久，两人之间的隔阂越来越深。后来，苏轼就连中元节也不去上堂，陈希亮大怒，直接上疏参了他一本，就为这事，苏轼被罚了不少钱。

后来，陈希亮筑了一座凌虚台，想让苏轼作记。苏轼在记中写道："物之废兴成毁，不可得而知也。""夫台犹不足恃以长久，而况于人事之得丧，忽往而忽来者欤？"人家刚建成的凌虚台，苏轼就在文章里拆台，换谁都要发飙。可出乎意料的是，陈希亮读过之后，不仅没有生气，还让工匠一字不差地刻在石上，慨然道："我把苏轼当成自己的孙子一样看待，平时之所以不给他好脸色看，是因为怕他年少'暴得大名'，难免志骄意满。"

原来，陈希亮也是眉州人，与苏家是世交，论辈分比苏洵还要大上一辈。如此良苦用心，令人动容。说到底，这两人的争执仅限于政务，不涉及私事，属于"君子之争"。两人本是同一类人，一样好强，一样爱惜百姓，一样都是实干家，后来终于冰释前嫌。

若干年后，苏轼在给陈希亮作传时写道："方是时，年少气盛，愚不更事，屡与公争议，至形于言色，已而悔之。"由此可见，苏轼已然体谅陈希亮的苦心。

在凤翔三年，苏轼始终没有忘记自己的职责，时刻将百姓生计放在心中，改革衙役、查决囚犯、赈济灾害、修筑东湖，留下一百三十余篇佳作。在政治生涯第一站，苏轼时刻用行动践行着"致君尧舜"的为官理念。

治平二年（1065年），苏轼结束了凤翔任期，回京任职。

当时仁宗已逝世两年，英宗在位。

英宗很早就听说过苏轼的才名，想让他直接进翰林院，却遭到了宰相韩琦的反对。韩琦认为，苏轼一来年纪尚轻，还需要历练，二来升迁过快，难免遭受非议，于后期仕途不利。英宗听罢觉得很有道理，便让苏轼进了馆阁。不久后，苏轼再次通过学士院考试，任直史馆。

宋代宰辅升迁，一般都要翻越地方、馆阁、翰林院三座"大山"。馆阁掌图书经籍和编修国史等事务，包括史馆、昭文馆、集贤院三馆，又有秘阁、龙图、天章等阁，统称馆阁。直史馆虽然只是从六品官职，却能够超迁官阶，是文人们梦寐以求的官职，再进一步就是翰林院。

宋代翰林院会聚了当世最为拔尖的人才，专司草拟内制，其实是皇帝的顾问团。换句话说，只要当上翰林学士，就相当于半只脚踏上了宰相之位。

这些年，苏轼在外任职，照顾父亲苏洵的重担全都落在了苏辙身上。苏轼回京后，馆阁的工作十分清闲，有很多时间能够陪伴家人，苏辙也得以卸下照顾老父的担子，得了个大名府推官的职衔。

外任这些年，妻子王弗帮了苏轼不少忙。王弗性格稳重，看人奇准，当年章惇来拜访时，王弗就给他下过阴险小人的判词，多年后果然应验。

回想成婚这些年，苏轼入京赶考时，王弗留守眉州，任劳任怨；苏家兄弟在驿站备考，王弗对苏洵精心照料；苏轼上任凤翔，王弗挺着大肚子跟着他车马劳顿，一路颠簸，现在回到京城，是时候让她好好休息一下了。

可是，天不从人愿，五月，王弗病逝，时年二十七岁，只留下六岁的独子苏迈。苏轼悲痛欲绝，十年之后，仍然梦见亡妻，写下词作《江神子·乙卯正月二十日夜记梦》：

十年生死两茫茫。
不思量。
自难忘。
千里孤坟，无处话凄凉。
纵使相逢应不识，尘满面，鬓如霜。

夜来幽梦忽还乡，小轩窗，正梳妆。
相顾无言，惟有泪千行。
料得年年断肠处，明月夜，短松冈。

这首悼亡词似一位老者娓娓道来，如泣如诉，全篇不着一个"悲"字，却"有声当彻天，有泪当彻泉"，读来令人肝肠寸断，不觉泪目。

王弗走后，苏洵叮嘱儿子，一定要把她葬在程夫人墓旁，这在古代是一种极大的哀荣。

苏家的人似乎天生便带着一种巨大的悲剧色彩，王弗去世到次年四月，苏洵也驾鹤西去，享年五十八岁。

苏家便只剩下苏轼兄弟，骨肉凋零如此，令人唏嘘，不免让人想起苏洵曾写过的"丧兄希白，又一年而长子死，又四年而幼姊亡，又五年而次女卒"。

苏洵去世后，英宗下诏赐银一百两，苏轼推辞不受，想起父亲仍无官职，便给他求了个光禄寺丞，也算完成了苏洵的一桩心愿。六月，苏轼兄弟扶棺归蜀。想起七年前苏家父子出蜀，志在廓清天下，何等意气风发！如今功业未半，殁父丧妻，一舟两棺，人生之际遇，真是恍然若梦。

第九节

熙宁变法

治平四年（1067年），苏轼兄弟扶棺回乡的第二年，朝廷发生了一件大事：英宗因病逝世，神宗即位。

此时宋朝开国虽然仅短短几十年，但积贫积弱已经到了不可不治的地步。一来没有解决燕云十六州的历史遗留问题，导致面对北方游牧民族的入侵无险可守；二来西北有西夏雄踞，不断挑起战争，宋朝损失惨重；三来重文轻武，采取强干弱枝、"守内虚外"的军事策略，战斗力强悍的禁军基本部署在京师及全国各地要冲，导致对辽、西夏只能长期采取守势。

自北宋开国以来，北宋、辽之间大小八十一战，北宋仅一胜。太宗时发动过两次大规模北伐，试图夺回燕云十六州，不仅以失败告终，折损精锐数十万，太宗本人更是大腿中箭，仓皇逃窜。真宗时，辽军大举入侵，最终签订澶渊之盟，约定宋每年送给辽岁币银10万两、绢20万匹，自此相安无事。

有了太宗惨败的前车之鉴，北宋后面几位皇帝再也不敢轻言北伐，只能忍气吞声。然而，神宗不同，他自幼便立志要"雪数世之耻"，十岁更是"慨然兴大有为之志，思欲问西北二境罪"。

登基之初，二十岁的神宗踌躇满志，准备成就一番事业。他找来韩琦、富弼等几位大臣，提出想要收复故土，解决边患，却被当头泼了一盆凉水，几位大臣一致认为：国家要以经济为重，不能打仗，富弼甚至提出"愿二十年口不言兵"。

神宗很失望，不过，这也不能怪富弼，因为当时宋朝的经济状况已经十分困窘。以治平二年（1065年）为例，当年朝廷的收入是一亿一千六百一十三万余贯，支出一亿二千零三十四万余贯，"非常支出"一千一百五十二万余贯，赤字超过一千五百万贯，这样的财政状况哪里有钱打仗？

因此，国家真正的病根在"三冗"上，即冗员、冗兵、冗费：官僚机构臃肿，军队数量过多，军费开支庞大。人一多，费用自然也就多了，不解决问题根源，一切都是白搭。朝中几位大臣当然知道病根所在，只是谁也不想说破，真正有望解决顽疾的王安石，当时尚在江南。

王安石字介甫，号半山，抚州临川（今江西省抚州市）人，有"过目终身不忘""属文动笔如飞"的本事。幼年跟随父亲四处宦游，深知民间疾苦，立志要"矫世变俗"。二十一岁时，王安石考中进士，授淮南判官，任满后放弃进入馆阁的机会，下沉到一线，历任鄞县知县、舒州通判、常州知州等职，其间勤政爱民，政绩斐然，声望日隆。

仁宗时，文彦博曾向皇帝举荐王安石，王安石以朝廷不当越级提拔为由拒绝。此后，朝廷多次委任王安石馆阁之职，都被他以各种理由拒绝了。在世人眼中，王安石是个淡泊名利、一心为公的名士，事实上也的确如此。王安石想要的东西，早在嘉祐三年（1058年）《上仁宗皇帝言事书》的万字奏疏中就已经言明，总结起来就是两个字——变法。

王安石在等，等一个懂他的皇帝，一个有决心、有魄力革除积弊的皇帝。另一边，神宗也在等，等待亲政的那一刻。他早在颍邸时就曾听过王安石，非常仰慕他的才学与见识，一登基便迫不及待地召他入朝，任他为翰林学士兼侍讲。

熙宁元年（1068年）四月，一场即将影响大宋国运的对话在文德殿展开，对话双方正是宋神宗与王安石。

神宗说："朕一直把唐太宗作为榜样，想富国安民，抵御外辱，可唐太宗也需要有魏徵辅佐，这样的都是不世出的人物，我该怎么办呢？"

王安石说："陛下想做尧、舜，皋陶、后稷就会出现，陛下想做汉昭烈帝，诸葛亮自然就会前来辅佐。现在这种情况，想要有所作为，必须先确定革新的方法。"

神宗指出："'祖宗守天下，能百年无大变，粗致太平'，这怎么说？"

这是一个很大的问题，涉及"祖宗成法"，一般臣子必然会慎之又慎。然而，王安石丝毫没有退避，直言不讳地指出：现在的局面正是"本朝累世因循末俗之弊"导致的，"兵士杂于疲老……又不为之择将而久其疆场之权。……其于理财，大抵无法，故虽俭约而民不富，虽勤忧而国不强。"

神宗听后大为兴奋。随后，王安石进《本朝百年无事札子》，系统阐述了"祖宗成法"所导致的问题，指出国家已经危机四伏，表示"大有为之时，正在今日"。君臣一拍即合，决心变法。

熙宁二年（1069年），神宗任命王安石为参知政事（即副宰相），同时设立临时部门制置三司条例司，权力凌驾于三司（盐铁司、户部司、度支司，均为财政部门）之上，由王安石全权负责，以"经画邦计，议变旧法，以通天下之利"。自此，轰轰烈烈的"熙宁变法"拉开序幕。次年，王安石升任同中书门下平章事，位同宰相，在全国范围内推广变法。

变法的命令如同重磅炸弹，在北宋帝国一潭死水般的宦海激起千层巨浪，朝中大臣迅速分为两派。"守旧派"以司马光为首，包括韩琦、欧阳修、范镇、张方平等举足轻重的大臣；"变法派"则以王安石为首，其余均为吕惠卿、曾布、章惇及韩绛等新人，史称"新旧党争"。

司马光等人认为新法有诸多弊病，是"残民之术"，多次上疏神宗弹劾王安石，说他"变祖宗法度"，"以富国强兵之术，启迪上心，欲求近功，忘其旧学"，甚至把他和商鞅相提并论。神宗则力保王安石，处理了几个官员，就连司马光也连上五封札子，自请离京，范镇被免，欧阳修致仕，富弼罢相，文彦博出京。

王安石为了坚定神宗变法的决心，提出"天变不足畏，祖宗不足法，人言不足恤"。他知道，新党与旧党实力悬殊，能依靠的只有神宗这根"定海神针"。

此时,苏轼也结束了为期三年的守制,娶王弗表妹王闰之为妻,与苏辙返回京城。苏轼仍在史学馆任职,苏辙则被分配到了变法部门。彼时,朝中旧人凋零,新人上位,早已不是三年前的"平和世界"。

第十节

被贬出京

　　神宗虽贵为皇帝，处境却略显尴尬。宋代崇尚"士大夫与皇帝共治天下"，朝廷绝不是"一言堂"。新法颁布之后，不仅朝中老臣们反对，就连高太后也下场反对。这让神宗产生了动摇，迫切地需要更多有影响力的人物支持新法。这时，他想起仁宗曾经说过：苏轼有宰相之才，便召他进宫问话，希望能获得苏轼的支持。

　　然而，苏轼却认为，王安石变法是在"与民争利"，甚至不惜写了一篇万字长文，对"新法"逐条抨击，系统性反驳，成为当时反对变法的奏议中最为系统、完整的一篇。神宗本想拉个"同盟"，没想到迎来当头一记"闷棍"，十分生气，便对人说"苏轼非佳士，卿误知之"。

　　苏轼不仅反对变法的内容，还认为神宗与王安石操之过急。他对神宗说，变法这事，"不患不明，不患不勤，不患不断，但患求治太速，进人太锐，听言太广"。言下之意，神宗和王安石有点操之过急了。神宗听后当即表示"朕当熟思之"。

其实，苏轼说这话没有任何私心，完全是为了江山，为了百姓。但在旁人看来，这话明显是针对王安石和变法派，这事很快就传到了王安石耳中。自此，两人便结下了"梁子"，在王安石看来，苏轼就是典型的"摇唇鼓舌"之辈，是司马光手下的"鹰犬爪牙"。

另一边，苏辙虽然是王安石的下属，却丝毫不买上司的账，在信中大力反对王安石的青苗法，指出种种弊端，言辞十分激烈，不久便被贬出朝堂。

苏辙的离开并没有让苏轼动摇，依然立场鲜明地反对变法，不断上奏抨击新法的弊端，在各种场合发表议论，时间一长，王安石不胜其烦，便上疏神宗，把苏轼调离馆阁，"命权开封府推官，将困之以事"，让他远离权力核心。

事实上，从结果来看，王安石变法在短短一年中便已经初见成效，财政收入显著增加。然而，这些新法也不可避免地存在不少弊端。以青苗法为例，该法令的主要内容是：丰年时，政府以平价采购粮食存在粮仓，青黄不接时以百分之二十的利率贷给百姓，这样既增加了财政收入，又能免除百姓受"高利贷"盘剥之苦，可谓两全其美。为全面推动新法实施，王安石将青苗法纳入了政绩考核中。这样一来，在具体实施过程中，问题就出现了。不少地方官为了升官发财，强迫百姓向官府借贷，随意提高利息，百姓苦不堪言，怨声载道，久而久之，青苗法成了官方"高利贷"和地方官盘剥百姓的工具。

苏轼在奏疏中痛心疾首地指出："今欲变为青苗，坏彼成此，所丧逾多，亏官害民，虽悔何及！"

其他很多法令也大抵如此，制度的逻辑其实是将民间资本牟利改为国家牟利，是地地道道的国家主义。平心而论，王安石长期在地方一线任职，绝不是"象牙塔"中闭门造车、靠"拍脑门"设计顶层制度的人，青苗法也是他任职期间试行过的制度，效果显著。然而，他忽略了一个事实，国家与地方无论范围还是人口，都不是一个体量。新法的施行需要依靠地方官，而地方官最看重的就是政绩，一旦把新法与政绩挂钩，出现种种乱象是可以预见的。另一方面，王安石变法遭到极大反对，急缺可用之人，吕惠卿、章惇、曾布、蔡确等人趁机献媚，步步高升。

从始至终，王安石富国、济民、强兵的初衷未改。他曾在《游褒禅山记》中写道："尽吾志也而不能至者，可以无悔矣。"尽人事，听天命，正是这位"拗相公"的所执。王安石是一位真正的君子，司马光、欧阳修、苏轼也是，但世上的事绝不是非黑即白，也无法简单分出对错。

熙宁二年（1069年）十二月，苏轼写了一篇情真意切的《上神宗皇帝书》，全面系统地抨击新法，言辞激烈。在这篇奏折中，苏轼主要提出了三个问题：

第一，王安石变法的逻辑和商鞅、桑弘羊一样，本质是与民争利，会导致人心背离，后果不堪设想；

第二，新法扰民，侵害百姓利益，即使能够暂时缓解财政困难，长此以往却难以维系；

第三，"国之长短在风俗"，新法急功近利，必然导致风俗毁败,积重难返。

最后,苏轼总结道:一个国家一旦失去了民心,即使"富如隋,强如秦",国祚也不可能长久,"愿陛下务崇道德而厚风俗,不愿陛下急于有功而贪富强"。

这是十足的"诛心"之论,秦、隋都是短命王朝,神宗看了哪有不怒的道理?他对苏轼"不识时务"的看法又加重了几分。

没过多久,朝廷下诏各路继续推行青苗法,苏轼作《再上皇帝书》,不仅痛批新法,还对王安石展开指桑骂槐的"人身攻击",将他比作巨奸贾充,要求神宗开除王安石,"今天下贤者,亦将以此观陛下,为进退之决"。

之后,苏轼又连番上疏,搞得神宗十分"纠结"。一方面,他多次感叹苏轼是个难得的人才,想要重用他;另一方面,苏轼三番两次上疏攻击新法,他在文坛又占据举足轻重的地位,影响十分恶劣,思来想去,竟不知怎么处置才好。

恰逢此时,随着欧阳修等人被贬,苏轼也逐渐心灰意懒,上疏请求出京任职。本来以他的资历和名望,到地方上当个太守绰绰有余,神宗也有此意。然而,宰相府只授了个杭州通判的官职。彼时王安石的新党一手遮天,形势比人强,苏轼也只能接受。

熙宁四年(1071年)七月,苏轼带着一家老小上任杭州。此时,长子苏迈已十三岁,次子苏迨则刚出襁褓。而苏轼为官已有十年,半只脚已经踏入了权力的中心,不料一夜间又重新回到了原点。

第十一节
杭州三年

汴梁到杭州两千余里，山高水远，上任之路对苏轼来说绝不是苦旅。他先到河南拜谒了张方平，又到弟弟苏辙家住了两个多月，接着又和弟弟一起拜谒了座师欧阳修。

当时欧阳修已经须发尽白，离群索居，靠琴棋书画消磨时间。晚年的欧阳修曾用问答的方式写过一篇《六一居士传》：

客有问曰："六一，何谓也？"居士曰："吾家藏书一万卷，集录三代以来金石遗文一千卷，有琴一张，有棋一局，而常置酒一壶。"客曰："是为五一尔，奈何？"居士曰："以吾一翁，老于此五物之间，是岂不为六一乎？"

苏轼兄弟到访后，三人每日形影不离，游览了颍州四县十镇，泛舟湖上，围炉煮酒，吟诗作赋，说不出的快意，这大概是欧阳修晚年最快活的一段时光。直到二十多天后，兄弟二人才与恩师依依惜别，约定重聚。

当时的苏轼不过三十六岁，年富力强，总觉得来日方长，岁月可期，离别也显得不那么沉重。不承想，这一别便是永诀。次年，欧阳修便于家中病逝，享年六十六岁。三十年后，苏轼病逝时也是六十六岁。

回顾欧阳修的一生，他历仕仁宗、英宗、神宗三朝，官至参知政事，领导诗文革新运动，先后提携过苏洵、苏轼、苏辙、曾巩、王安石等文坛巨匠，称得起"千古伯乐"的美名。八年后，苏轼再次经过颍州时，想起恩师，留下了"休言万事转头空，未转头时皆梦"的千古绝句。

熙宁四年（1071年）十一月，苏轼一行终于抵达杭州，不知不觉已经过了近半年。

神宗时，杭州经过数十年的发展，已经成为彼时南方最为繁华的城市，是"四方之所聚，百货之所交"，人称"地有湖山美，东南第一州"。柳永在《望海潮·东南形胜》中就曾为我们勾勒过一幅"人间天堂"的景象："东南形胜，三吴都会，钱塘自古繁华。烟柳画桥，风帘翠幕，参差十万人家。云树绕堤沙，怒涛卷霜雪，天堑无涯。市列珠玑，户盈罗绮，竞豪奢。 重湖叠𪩘清嘉，有三秋桂子，十里荷花。羌管弄晴，菱歌泛夜，嬉嬉钓叟莲娃。千骑拥高牙，乘醉听箫鼓，吟赏烟霞。异日图将好景，归去凤池夸。"

美食、美景、美人，自古哪个文人不爱？苏轼当然也喜欢，于是他留下了"我本无家更安住，故乡无此好湖山"的诗句。

可是，苏轼在这里过得并不轻松。宋代通判要监管刑狱，由于当时青苗法推行正紧，地方官为了完成业绩强迫百姓贷款。有些百姓得了银子，耐不住诱惑，跑到城里的酒肆勾栏中挥霍一空，不仅误了农事，还养成了好逸恶劳的恶习，来年哪有钱还给官府？加上杭州水、旱、蝗灾频发，经常出现"止雨之祷，未能逾月，又以旱告矣""宦游逢此岁年恶，飞蝗来时半天黑"等情况，就算是勤勤恳恳的百姓，一旦遭遇荒年，一家老小生计都成问题，更别说赚钱了。于是，这些人就被官府抓了起来，拷打一番后下到大狱。苏轼在《山村五绝·其四》中曾写描写过这样的乱象：

杖藜裹饭去匆匆，过眼青钱转手空。
赢得儿童语音好，一年强半在城中。

苏轼到任第一年，狱中犯人就比往常翻了一倍有余，直到除夕之夜，苏轼仍在狱中提点犯人。所谓"提点"，就是把关押的犯人带出来审问。当时审问的犯人，绝大多数都是还不起钱的贫苦农民，其中甚至还有孩子。

青苗未止，朝廷又颁布了新盐法，官盐价格一涨再涨，产盐之地的百姓们竟到了吃不起盐的地步，何等荒唐。

望着跪在阶下，哭号哀求的私盐贩子，苏轼出现了一瞬间的恍惚。升斗小民不惜以身试法，只是为了填饱肚子。再看自己一身官服，端坐堂上，不也是为了那点"薄禄"，深陷官场污秽腌臜之中，做着有违本心的工作？都是"囚徒"，我与他们之间又有什么区别呢？

"要不把这些人放了吧,至少让他们在除夕夜能和家人团聚……"

这个念头一闪而过,苏轼自己也吓了一跳。要是真放了这些人,下狱的恐怕就是自己了,到时谁又来放了他呢?

虽然有万般无奈,苏轼还是提笔写下了判词,这对他来说无疑又是一场精神折磨。

忙活半夜,苏轼站起身来舒展筋骨,揉了揉发酸的手腕,提笔在墙壁上写道:

除日当早归,官事乃见留。
执笔对之泣,哀此系中囚。
小人营糇粮,堕网不知羞。
我亦恋薄禄,因循失归休。
不须论贤愚,均是为食谋。
谁能暂纵遣?闵默愧前修。

最后两句,苏轼直言:我多想有个人能够把这些囚犯释放回家,让他们和家人团聚一夜,可惜我做不到,也不敢做,真是愧对先贤。后世民间流传着不少苏轼在除夕夜放囚犯回家的典故,其实只是一厢情愿罢了。

当年刚刚到任的太守陈襄是个与民为善、实心任事的官员,两人联手为百姓做了不少好事,其中最有名的便是修复六井。

古时,杭州地下水受钱塘江影响,形成了低洼盐碱地,水质又苦又臭，无法饮用，居民饮水是个大问题。唐朝时，李泌到任后，曾在杭州凿了六口井，引西湖水入城，这个问题才得以解决。后来，白居易又进一步治湖浚井。到宋代时，天长日久，六口井年久失修，再告堵塞。苏轼与陈襄一拍即合，组织人手修葺六井，百姓终于又能喝上干净的水了。次年江浙大旱，周边都断了水源，只有杭州百姓饮水充足，甚至还能洗澡饮马。后来，苏轼作《钱塘六井记》，把这件事原原本本地记录了下来。

熙宁六年（1073年），苏轼奉命赈灾，一去就是半年，除夕之夜也不能回家团聚，他只身坐在城外的孤舟中，望着远处城中的万家灯火，听着爆竹声声，想起远方的家人、兄弟和逝去的亲友，夜凉水寒，孤独油然而生，他提笔写下"多谢残灯不嫌客，孤舟一夜许相依"的诗句。

苏轼在杭州任通判三年，始终心系百姓，埋头于繁忙的政务之中，赈济灾民、兴办学校，提携后进，治理蝗灾，竭尽全力地避免新法对百姓造成危害，获得了百姓的交口称赞。

也正是在杭州，苏轼收获了许多知己——同样一心为民的太守陈襄、同样因反对新法被贬的李常、诗友吕穆仲、禅师慧辩、法师辩才等，正是这些交心的朋友，让苏轼在苦闷的生活中多了一丝精神上的慰藉。

熙宁七年（1074年），苏轼在杭州任职期满，调任密州，他走时，只带走了两袖清风，一叶扁舟，却留下了无数佳作，其中以《饮湖上初晴后雨》最为动人：

水光潋滟晴方好，山色空蒙雨亦奇。

欲把西湖比西子，淡妆浓抹总相宜。

正是苏轼作了这首诗之后，西湖才有了西子湖的别名。

第十二节

以杞为粮，以菊为糗

熙宁七年（1074年）十二月初三，苏轼抵达密州任知州。密州隶属京东东路，即现在的山东诸城。与江南的花花世界相比，密州无疑是荒凉之地，加之民风彪悍，盗匪横行，治理起来绝非易事。上任之前，苏轼便打定主意，要"释舟楫之安，而服车马之劳；去雕墙之美，而庇采椽之居；背湖山之观，而行桑麻之野"。

当时正值隆冬，按理百姓应农闲在家，却不料苏轼在前往官衙的路上，看见田里绵延二百余里遍是冒着严寒忙活的百姓们，顿觉惊愕。他下车一问才知道，当年密州遭遇蝗灾，百姓们正在把田里的蝗虫卵挖出来彻底清除，防止来年再生。苏轼在杭州组织过灭蝗，当时他在奏章中写道："轼近在钱塘，见飞蝗自西北来，声乱浙江之涛，上翳日月，下掩草木，遇其所落，弥望萧然。"见此情景，他才恍然大悟，杭州铺天盖地的蝗虫，根源原来在这里。杭州尚且受灾严重，何况密州。

果然，进一步了解情况之后，苏轼才知道当地百姓已经无米下锅，只能挖草根、剥树皮充饥。身为地方官，面对治下百姓的惨状，一种深深的无力感涌上心头，他发出了"平生五千卷，一字不救饥"的感慨。

苏轼一到任便召集当地官员开会，讨论灭蝗大计。可是，一位官员表示："蝗虫不仅不是灾害，还能帮田里除草哩。"苏轼十分生气，怒斥官员欺上瞒下，比蝗灾的危害还严重。于是，他当即组织人手，前往蝗灾第一线，下定决心要彻底解决蝗灾问题。

紧接着，苏轼又上疏朝廷，请求免除密州当年赋税，同时赈济灾民，暂停推行新法，让百姓们能够喘一口气。

事实上，苏轼之所以调任密州，是有私心的。当时苏辙在离密州不远的济南任职，这样就能离弟弟近一点，闲暇时能够与他团聚。可是，赴任密州一年以来，苏轼每日忙于公务，无暇他顾，他立志要解救万民于水火，整日不是在田间地头组织灭蝗，就是在桌前给朝廷写奏折四处求援，心力交瘁之下，竟在临近除夕时病倒了。

人在生病时最脆弱，也最容易悲观，即使豁达如苏轼也不例外。这一夜，他躺在病榻之上，想到自己年近不惑，人生过半，仍旧一事无成，身边尽是些尸位素餐、玩忽职守的官员，公务上一个能帮自己的也没有，故交也如同云雨一样四处飘散，不见影踪。

寒夜、孤灯、空斋、霜发、病躯，苏轼悲从中来，感慨"此生何所似，暗尽灰中炭"。似乎只在眨眼间，当年蟾宫折桂，名满京城,鲜衣怒马的少年郎,就成了身心疲惫的"老翁",纵然一腔热血终究抵不过似水流年,挡不住两鬓斑白。此时的苏轼便如同屋内那盏摇曳的烛火,四周皆是荒凉与破败。

赴任第二年的春天,密州又遭遇大旱,田中寸草不生。自古"旱蝗相连",旱灾不解除,蝗灾就无法过去。

于是,苏轼怀着十二万分的虔诚,连着几个月的斋戒,希望用自己的诚意打动上苍,降下雨水。后来,他听说常山祈雨十分灵验,便多次率领官员到山上祈雨。当年四月,苏轼再次远赴常山之后,天空电闪雷鸣,喜雨骤降。苏轼欣喜若狂,写下《次韵章传道喜雨》:

常山山神信英烈,拥驾雷公诃电母。
应怜郡守老且愚,欲把疮痍手摩抚。
……
庶将积润扫遗孽,收拾丰岁还明主。

返程的路上,苏轼与同僚们纵马驰骋,展开了一场别开生面的狩猎活动。在飞驰的马背上,苏轼遥望着层峦叠嶂的山脉,感受着耳畔呼啸而过的秋风,弯弓搭箭,将往日积郁在心中的不快一扫而空,豪气顿生,留下了千古名篇《江神子·猎词》:

老夫聊发少年狂。
左牵黄。

右擎苍。

锦帽貂裘,千骑卷平冈。

为报倾城随太守,亲射虎,看孙郎。

酒酣胸胆尚开张。

鬓微霜。

又何妨。

持节云中,何日遣冯唐?

会挽雕弓如满月,西北望,射天狼。

这首词一气呵成,意气风发,读来无比畅快,仿佛看到了一位驰骋江湖,快意恩仇的侠客。

经过这些事情,苏轼完成了心态上的转变。什么新旧党争,什么怀才不遇,既然影响不了,决定不了,那就提起酒壶,骑上骏马,挽起长弓,轰轰烈烈,热热闹闹地走完人生的下半场,唯有如此,才不负大好年华!

也是从这一刻开始,宋词的流派中又多了一个能与婉约派分庭抗礼的豪放派,苏轼便是开宗立派的一代宗师。王国维在《人间词话》中写道:"以宋词比唐诗,则东坡似太白。"言下之意是苏轼在宋词上的成就堪比李白之于唐诗;又说"东坡之词旷,稼轩之词豪。无二人之胸襟而学其词,犹东施之效捧心也",意思是苏轼的词旷达,辛弃疾的词豪迈,没有二人这样的胸襟是万万写不出来的。

对于这首词，苏轼也十分满意，后来，他还在给友人的信中炫耀说："近却颇作小词，虽无柳七郎风味，亦自是一家。"柳七郎便是大名鼎鼎的柳永——"奉旨填词"的柳三变，婉约派真正的大师。

天降甘霖固然能够暂时缓解旱情，但想要彻底解决问题，还需要修建农田水利设施，从政多年的苏轼深知这一点。于是，他经过实地走访调查，兴建了两项工程，一是改造零泉，"乃琢石为井，其深七尺，广三之二"；二是筑堤引水，造福后世千年。直到离开密州多年后，苏轼仍挂念当地百姓，他曾给当时的太守写信，建议他修筑石坝拦水和再修建一座水库。

天灾之外，密州人祸更甚。山东自古盛产豪杰，加上当时连着数年灾荒，不少失去生计的百姓都落草为寇，于是"盗贼渐炽"。在《论河北京东盗贼状》中，苏轼对当地盗贼产生的根源做出了鞭辟入里的分析，总结起来有三点：

第一，密州自古民风彪悍，这是从隋唐时便有的"历史遗留问题"；

第二，荒年歉收，百姓流离失所，无奈为盗；

第三，地方官员贪功冒进，逼迫百姓太急。

苏轼指出，想要解决密州的盗匪问题，必须做到标本兼治，把治事、治吏、治盗结合起来。当时，朝廷派官兵协助剿匪，谁知这些骄兵悍将横行霸道惯了，竟然诬陷百姓私藏禁物，敲诈勒索，之后又打家劫舍，杀人放火，畏罪潜逃后准备作乱。

苦主拿着状子找到苏轼，苏轼看都没看，直接把状子扔到地上,说:"绝不会有这样的事!"逃亡的官兵听说后放下心来,不料这只是苏轼的引蛇出洞之计。果然,没过多久,作乱的士兵便全都被引出后正法。

苏轼俸禄微薄,日子并不好过,经常需要挖野菜充饥。他在《后杞菊赋》中曾写过"天随生自言常食杞菊。及夏五月,枝叶老硬,气味苦涩,犹食不已""而余仕宦十有九年,家日益贫"。这一日,苏轼又与同僚出门挖野菜,不料却在枸杞丛中捡到一个破布包裹,打开一看,里面竟是一个奄奄一息的婴儿。他一打听才知道,密州连年天灾人祸,百姓苦不堪言,无力养活婴儿,已是弃婴成风。

苏轼痛心疾首,当即组织起"寻婴小分队",四处搜寻被丢弃的婴儿,短短几天,便找到四十多名弃婴。苏轼本来养活一家老小都费劲,收养这些弃婴,可谓心有余而力不足。因此,他转念一想,要解决弃婴问题,必须从制度上着手。

当时,北宋政府从常平仓和免役钱中抽出一部分救济款,称为"劝诱米",苏轼派人核查之后,当即下令从各仓中取出"劝诱米"上万斤,专门用作救助弃婴,愿意收养弃婴的家庭,每家每月可得粟米六斗。时间一长,婴儿与养父母产生感情,问题也就解决了。

自到任密州,苏轼始终无法抽身,也没能见上近在咫尺的苏辙一面,掐指算来,兄弟俩已经有五年没见过面了。

在密州任职的第三年中秋,苏轼欢饮达旦,大醉而归,望着皓月当空,银辉遍地,心中的思念再也无法抑制,提笔写下《水调歌头·丙辰中秋》：

明月几时有？把酒问青天。

不知天上宫阙，今夕是何年。

我欲乘风归去，又恐琼楼玉宇，高处不胜寒。

起舞弄清影，何似在人间。

转朱阁，低绮户，照无眠。

不应有恨，何事长向别时圆？

人有悲欢离合，月有阴晴圆缺，此事古难全。

但愿人长久，千里共婵娟。

这首词，写出了苏轼对苏辙的思念，也写出了他内心的矛盾与挣扎。仰望庙堂之高，苏轼想要回到权力中枢，辅佐皇帝成为尧舜之君，但又怕"高处不胜寒"。转头看到地上的影子，心觉"天宫"虽然好，但哪里比得上这里的人间烟火气。

月亮转向朱红色的阁楼，挂在雕花的窗户上，照着诗人的侧脸，刻下斑驳的花纹，映照着他的无奈与悲伤，落寞与凄凉："月儿啊月儿，你能不能告诉我，什么时候才能与兄弟重逢呢？"

下一刻，苏轼想明白了，人世间有悲欢离合，正像天上月有阴晴圆缺，自古以来便是这样。我和苏辙虽然远隔千里，却能共赏一轮明月，心念相通，这难道不是另一种重逢吗？

熙宁十年（1077年）正月，苏轼调任河中府，再次踏上旅途。临行当天，瑞雪纷飞，苏轼心情大悦，提笔写下"春雪虽云晚,春麦犹可种"的诗句,直到此时,他还挂念着百姓们的收成和生计。

第十三节
黄　楼

苏轼带着一家老小，准备先到济南府与弟弟苏辙团聚。密州离济南不远，不过四五天的行程。

然而，苏轼这一路走得并不顺利。出发不久便大雪封山，一家人滞留潍州（今山东省潍坊市的一部分）过了个除夕。初一再上路时，又降大雪，一行人走得十分艰难。快到济南时，苏轼已是破衣瘦马的狼狈相，不免使他想起了在北海边牧羊的苏武"自笑餐毡典属国"。

行程虽然艰难，苏轼的心情却无比愉悦。离济南城老远，苏轼就看到苏迟、苏适、苏远三个侄儿在风雪中翘首以盼。多年后，回想起当时的情景，苏轼仍喜不自胜，写下"忆过济南春未动，三子出迎残雪里"的诗句。

自从变法大幕拉开，满肚子"不合时宜"的兄弟两人先后离开朝廷中枢，四处宦游，算来已有七年未能相见。此时家人团聚，兄弟相拥，自然有说不完的话。在济南待了一个多月，苏轼一家才恋恋不舍地继续赶路。行到半路时,苏辙终于从京城赶回,兄弟俩激动无比。此时,苏辙已卸任公事,决定送哥哥到河中府赴任。走到半路时,朝廷再次下达诏命,苏轼改知徐州,一行人只好再次改变行程,到达徐州时已经是四月。

徐州是九朝帝王之乡,兵家必争之地,东近黄海,西连中原,北倚鲁南山地,南瞻江淮平原,据鲁、豫、皖、苏四省的交通要冲,进可北上幽燕、西出中原,退可屏障两淮,有"自古彭城列九州,龙争虎斗几千秋"之说。

对于徐州太守的差使,苏轼本人十分满意。他在《徐州上皇帝书》中写道:"徐州为南北之襟要,而京东诸郡安危所寄也。"这显然是皇帝的重用。

到达徐州后,苏轼本想与弟弟一起重温十七年前怀远驿中"夜雨对床"的时光,继续把酒言欢,秉烛长谈,无奈公事繁忙,脱不开身,只能感叹"不见便同千里远,退归终作十年游",希望能够早日退休,和弟弟一起过上无忧无虑的养老生活。

苏辙在徐州待了几个月,转眼就到了中秋。佳节团圆之际,苏轼的心情却十分复杂。去年此时,自己独自凭栏,愁肠百转,词中都是到不了的远方,见不到的亲人,如今弟弟就在眼前,自然说不出的欣喜,可一想到弟弟第二天就要远赴南京上任,又不由得忧伤起来。

深夜,月圆如镜,清辉万里,兄弟俩都默契地坐在院中,谁也不肯休息。苏轼作《阳关曲·中秋月》,其中有"此生此夜不长好,明月明年何处看"一句,与《水调歌头·丙辰中秋》中"但愿人长久,千里共婵娟"遥相呼应。

翌日,苏辙远赴南京上任,再次和苏轼分别两地。宦游天涯,身不由己,下次重逢不知要到何年何月了。这一年,苏轼四十二岁,苏辙三十九岁。

然而,老天并没有给苏轼太多时间沉浸在离愁别绪之中。八月,徐州境内河水不断暴涨的南清河决堤,滚滚洪流直逼徐州。徐州地处汴泗下游,三面环山,城池又在低洼处,一旦洪水倒灌,整个徐州城就会成为一片汪洋,后果不堪设想。

其实,这场洪水早在一个多月前就已经出现端倪。七月十七日,黄河在澶州(今河南省濮阳市附近)的曹村决口,呈一泻千里之势,所过之处没城淹田,来势汹汹。徐州与澶州虽然相距百里,但苏轼已经提前做好准备,组织军民加固城墙,堵塞缝隙。即便如此,徐州城在洪水之中仍然危如累卵。情况万分危急,城中的富人们纷纷收拾细软,准备逃亡。

苏轼身为一州之长,深知这种情况下最怕的就是人心涣散,如果富人一逃,修葺城墙的人也必然一哄而散,到时候必然城毁人亡。于是,他赶紧登上城墙振臂高呼:"吾在是,水决不能败城。"这句话既表决心,也表生死,太守以身作则,人心这才安定下来。

接着,苏轼下令将数百艘公私船只分缆城下,减少洪水对城墙的冲击,亲荷畚锸,布衣草履,在城头与五千多军民共同抢修堤坝,日夜巡视。"黄花白酒无人问,日暮归来洗靴袜"是那段时间最真实的写照。到九月二十一日，城外水位已经超出城中平地二丈八尺九寸，最矮的东南段城墙在水面之上的部分只剩下不足六寸。十月三日，洪水终于退去，经过两个多月的奋战坚守，全城百姓安然无恙。

治一地不仅要图一时，更要图一世、百世，这是苏轼治理地方的理念。洪水刚退，苏轼便马不停蹄地向朝廷上疏，请求拨付款项用于修筑外城，建造堤坝，防水护城，"利在百世"。

次年二月，朝廷下旨嘉奖，赐钱二千四百一十万，役夫四千二十三人，发常平钱六百三十四万，米一千八百余斛，募夫三千二十人，改筑外小城，筑木堤护河。后世为纪念苏轼治水的功绩，将其称为"苏堤"。

元丰元年（1078年），苏轼命人在徐州城东门挡水要冲处建造两层高楼。八月十二日，新楼落成，苏轼命名为"黄楼"，取五行"土实胜水"之意，希望徐州城能够不再受水患威胁，此楼也成为徐州的象征，历千年而不朽。如今我们仍然能够看到它挺拔的身影。

重阳节当天，苏轼遍邀名士登高（楼）望远，咏诗作赋，史称"黄楼诗会"。前来赴会的，有写下"金风玉露一相逢"的秦观，有"江西诗派"三宗之二的黄九、陈师道，有诗画双绝的王巩，有超然物外的诗僧参寥。其间，黄庭坚、秦观拜入苏轼门下。这场盛会，使苏轼正式确立了文坛领袖的地位。

其实，苏轼在此之前早已名满天下，拜谒的人络绎不绝，都希望能够拜在他的门下。在众多仰慕者和弟子中，苏轼对黄庭坚、秦观、晁补之、张耒四人最为看重,即后世所谓的"苏门四学士",再加上陈师道、李廌是为"苏门六学士"。

第十四节

诀别徐州

洪水刚退,徐州又迎来了春旱,苏轼一刻也不得闲,赶紧马不停蹄地去石潭为百姓祈雨。不久后,天降喜雨,解了徐州百姓的燃眉之急,苏轼便带领群僚谢雨。谢雨途中,苏轼看着田间作物长势喜人,一派欣欣向荣,心下欢喜,连作《浣沙溪·徐门石潭谢雨道上作五首》,文风朴实,格调清新。词中有聚在村口的"黄童白叟";有"三三五五棘篱门"的妇人;还有"牛衣古柳卖黄瓜"的老汉等。五首词五个画面,呈现出一派官民和谐的场景。

苏轼是个极随和的人,自称"上可以陪玉皇大帝,下可以陪卑田院乞儿,眼前见天下无一不好人",如此可见一斑。

徐州群山盘踞,自古便盛产铁。州治所东北七十多里就是官方设立,掌管冶铁的利国监,遗址在今江苏省徐州市铜山区。利国监下设三十六治,"冶各百余人",总计有工人四千余名,规模可观。

当时,徐州产的宝剑闻名天下,然而,当地工人却苦于没有石炭(即煤炭),只能用火力偏弱的木炭进行锻造。苏轼听说之后,立刻派人四处勘探,终于在附近的白土镇发现了石炭。苏轼心中大喜,作《石炭》诗:"岂料山中有遗宝,磊落如磬万车炭",有了石炭之后,徐州当地的锻造产业如虎添翼,因此,他满怀豪情地写下"为君铸作百炼刀,要斩长鲸为万段"。

徐州民风彪悍,利国监经常受到群盗骚扰,"冶户皆大家,藏镪巨万,常为盗贼所窥。而兵卫寡弱,有同儿戏"。为这件事,苏轼愁得整夜睡不着觉,便请求皇帝由治所出钱,由冶铁工人组成自卫队,配发武器对抗盗匪,但未获采纳。苏轼失望之下,决定自行组建自卫队,把想法付诸实践,盗匪们果然不敢再觊觎治所。做这件事,苏轼冒了很大的风险。因为宋代重文轻武,对地方武装尤其敏感,更不用说利国监这种能锻造精良武器的单位。即使如此,苏轼做官始终遵循自己的原则:对百姓有利,对地方有利,对国家有利,只要认为对的他就会去做。

元丰二年(1079年),苏轼在徐州任期届满,调任湖州,即今浙江省湖州市。临行前,徐州城人头攒动,百姓们跪在地上涕泪横流,苦苦哀求苏轼留下来。原来,古代官员离任时照例有一套老百姓"攀辕卧辙"的表演,一般都是事前准备好的,意思是百姓舍不得父母官离开。而徐州百姓对苏轼的感谢是发自内心的,把他当作救命恩人看待。如果没有苏轼,徐州城和成千上万的百姓大概也无法在那场洪水中幸免。苏轼任徐州知州两年,正值多事之秋。苏轼以身作则,带着百姓抗洪水、筑堤坝、寻石炭。他创作了大量的诗词作品,黄楼、快哉亭、放鹤亭、东坡石床、苏堤、云龙山，都有他的身影，说不留恋那是假的。

然而，苏轼性情率真，对这一套很不感冒，自认为只是做了分内事，没有什么好夸耀的，他在《江神子·恨别》中，把徐州这座名城比作佳人，挥泪诀别：

天涯流落思无穷。
既相逢，却匆匆。
携手佳人，和泪折残红。
为问东风余几许，春纵在，与谁同。

隋堤三月水溶溶。
背归鸿。
去吴中。
回首彭城，清泗与淮通。
欲寄相思千点泪，流不到，楚江东。

第十五节

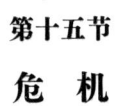

危　机

湖州古称菰城，是著名的鱼米之乡，山水清远，景色绝佳，苏轼神往已久。

元丰二年（1079年）四月，苏轼一家人抵达湖州。一到任，按照当时官场惯例，苏轼就给神宗写了一封谢表，本是例行公事，苏轼却是个藏不住心事的人，在谢表中发了一通牢骚，把心中的愤懑和不平一股脑倒了出来。什么"知其愚不适时，难以追陪新进"，什么"察其老不生事，或能牧养小民"。句句不提新政，字字不离新党，这也成为后来新党众人攻击他的"罪证"。

来到湖州后，公务清闲，苏轼便过上了久违的清闲日子，游山玩水，作诗"环城三十里，处处皆佳绝""我从山水窟中来，尚爱此山看不足"，说不出的悠闲自在。如今，湖州的爱山广场、爱山街都是以这些诗句命名的。

转眼到了七月七日，按当时的习俗，这一天不管是公家还是私人，为了除湿防霉、驱虫防蛀，都会把书拿出来晾晒，称为

"曝书"。在京城等地，这一习俗甚至发展成了文人之间的雅集。

这一日，苏轼把书画拿出来晾晒，无意间瞥见文同所画的《筼筜谷偃竹》，不由得悲从中来，竟"废卷而哭失声。"

文同字与可，号笑笑居士、笑笑先生，人称石室先生、文湖州，是当世画墨竹第一人，苏轼赞他是诗、词、画、草书"四绝"。

文同与苏轼虽然只见过两面，相处时间也不长，却是非常交心的朋友。两人第一次见面是在陕西凤翔，且一见如故，相谈甚欢。苏轼只觉得此人说话风趣幽默，性格豪爽，很合自己的脾气。第二次见面，苏轼在京城任开封府推官，文同也在京城任职，两人几乎天天在一起谈笑，成了一对形影不离的朋友。

文同在《往年寄子平》中曾写道："往年记得归在京，日日访子来西城。虽然对坐两寂寞，亦有大笑时相轰。"很多时候，这对好友几乎要聊到半夜才肯各自安歇。

文同画墨竹一开始也不吝惜笔墨，看到上等画绢就要挥毫泼墨，大画特画，刚画好就被旁边的人抢走，他也不在乎。后来，前来求画的人实在太多，文同不胜其烦，干脆就不画了，还对人说："我画竹只是为了发泄心中的不平，这是病，现在病好了，就不画了。"苏轼常常喜欢拿人打趣，就说："我看你这病还没好，一犯病还会继续画竹子，到时候我就抢过来收藏。"

后来，两人宦游四海，虽天各一方，却书信不断，时常互相打趣。有一次，有人拿着上等画绢找文同求画，文同十分厌烦，就把画绢踩在脚下，生气地说："我要拿这些画绢来做袜子。"又告诉前来求画的人说："我们墨竹一派还有个人，就在彭城。"彭城是徐州的古称，这是鼓动这些人去徐州找苏轼求画。

其实，苏轼也是画画的行家，他笔下的枯木怪石风格遒劲，又不失洒脱灵动，可谓形神兼备。苏轼画画为的是"托物寓兴"，抒写满腹的"不合时宜"。他平生爱竹，"可使食无肉，不可居无竹"，因此在画墨竹这件事上和文同有很多交集，两人又都在湖州任过职，因此，后人将他们与赵孟頫、吴昌硕合称"湖州竹派"四大家。

"踩画绢"这件趣事，文同在信中对苏轼一五一十地说了，并在末尾附了两句诗："拟将一段鹅溪绢，扫取寒梢万尺长。"

苏轼在回信中打趣道："我知道你早就厌倦了这些求画的人，你说要画万尺长的竹子，怕不是贪图人家上好的画绢吧，算一算，要画出这样的竹子，不得二百五十匹画绢？"

文同收到信后大呼冤枉，回信说："我就是随口一说，这世上哪有万尺长的竹子？"

苏轼仍旧不依不饶，写诗回道："世间那有千寻竹，月落庭空影许长。"意思是这世上还真有万尺长的竹子，不信你量量月下的竹影。

文同哑然失笑，回道："要真有人给我二百五十匹画绢，我就能直接回家养老了。"于是将自己的得意之作《筼筜谷偃竹》寄给苏轼，在信中说："此竹数尺耳，而有万尺之势。"

两人相隔千里，诗文唱和却像促膝长谈一样。得了幅墨宝，苏轼还嫌不够，写信打趣文同说："料得清贫馋太守，渭滨千亩在胸中。"当时文同在洋州（今陕西省汉中市洋县）任太守，他平时最喜欢吃竹笋，苏轼在诗里说他过得清贫，估计没事就拿着斧子到处砍笋，把渭河边上的千亩竹笋都吃进肚子里了。收到信时，文同正在烧笋，笑得前仰后合。

文同画竹时，常在画上留下一片空白，留着等苏轼题字。苏轼得了《筼筜谷偃竹》还嫌不够，又写信说：这几天在朋友那里见了你几幅墨竹，我却只有一幅，心里很不平衡，你赶紧再给我寄一幅过来，我给你题字，不然我就到处乱画，留下你的名字，希望你好自为之。

苏轼怀念旧友，心中悲戚不已，连着几天茶饭不思。就在苏轼沉浸在悲痛中时，此时的汴梁城中，却有人准备拿他开刀。

苏轼在地方任职期间，宋帝国的中枢已经发生了翻天覆地的变化。如前文所述，王安石变法在朝中遭受了朝野内外的巨大阻力。

熙宁七年（1074年）春，天下大旱，百姓流离失所，百官激奋，反对派纷纷上疏，要求废除新法，神宗忧形于色。自汉代董仲舒以来，天人感应便成为显学，宰相负责"调理阴阳"，一旦有天灾发生，便会被认为是宰相的责任，"水旱过常，为大灾变，为宰相者，当任其责"，因天灾被罢相者不计其数。王安石辩驳，即使尧舜之君在位，天灾也在所难免。言下之意，旱灾与变法无关。

不久，时任开封安上门监官的郑侠上《流民图》，并在奏疏中称："旱由安石所致。去安石，天必雨。"百姓流离失所的惨状,对自小生在宫中,见惯了繁花似锦的神宗带来了极大的精神冲击,两位太后垂泪力劝神宗曰:"安石乱天下。"神宗拿着《流民图》反复观看,寝食难安。他变法本为富国强兵,如今百姓流离失所,饥寒交迫,变法到底还有没有意义?

熙宁八年(1075年),变法派内部分裂,王安石长子王雱病故。王安石心灰意懒之下,决定罢相隐居江宁,从此远离庙堂,不再过问政事,过上了"若有一卮芳酒,逍遥自在无妨"的生活。这一年,苏轼任密州太守。

王安石罢相只是神宗的权宜之计,身为皇帝,他要做的是权衡新旧两派势力,一方面起用旧党吕公著、冯京等人,另一方面仍旧推行新法。

王安石罢相第二年,神宗改元元丰,从幕后走到台前,亲自主持变法,史称"元丰改制"。经历了熙宁变法的失败和王安石的离去,神宗下定决心,要采取雷霆手段打压反对派,誓要将变法进行到底。

神宗急功近利,"三旨相公"王珪上位,所谓"三旨",即请圣旨、得圣旨、宣圣旨,一副唯皇帝之命是从的态度,绝不忤逆神宗。御史台则充斥着李定、何正臣、舒亶这样的奸诈小人。新党占据朝堂,变法已成烈火烹油之势。这种情形下,变法派急需找到一个反对新法的典型打倒立威,"满腹牢骚"的苏轼正是最合适的人选。

一来,苏轼是文坛宗主,追随者众多,如果能打到他,无论是实际效果还是威慑效果都是最好的;二来,苏轼向来口无遮拦，写过许多反对变法的诗词奏章，最好找证据；三来，苏轼为人正直，疾恶如仇，经常讽刺挖苦这帮"新贵"。

如此，远在湖州的苏轼竟成了一帮宵小之辈的标靶，皆欲除之而后快。

第二章

自笑平生为口忙，老来事业转荒唐

第十六节

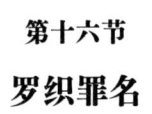

罗织罪名

北宋开国之后，宋太祖曾刻碑立誓："不得杀士大夫及上书言事人。"基于此，宋代台谏制度也得到了长足发展。所谓台谏，即御史台官与谏官的合称，是中央政府最高的监察机构，官员被称为"言官"，对皇帝及百官都有监察特许权。《宋史》有云："宋之立国，元气在台谏。"苏轼也曾在奏章中说过："言及乘舆，则天子改容；事关廊庙，则宰相待罪。"

言官们日常办公的地方在御史台，汉代时，御史台外柏树上有很多乌鸦，所以御史台又被称为"乌台"，戏指御史们都是"乌鸦嘴"。

因此，想要扳倒一位有影响力的大臣，言官是最有效，也是最值得利用的力量。彼时，掌管御史台的御史中丞李定是王安石的学生，"铁杆"的新党成员。

可是，想要扳倒苏轼谈何容易。苏轼为官二十载，从杭州到密州，从徐州到湖州，两袖清风，政绩斐然，既没有贪赃枉法，也没有徇私舞弊，是个实打实的"无缝之蛋"。李定等几只"苍蝇"冥思苦想，脑袋都挠破了，最后竟想出了个十分荒谬的主意：他不是爱写诗文吗？那就从诗文下手，给他定个非议朝政，毁谤当今的罪名。这真是"欲加之罪何患无辞"。

第一个出手的"急先锋"是何正臣。他一马当先，在弹劾苏轼的奏疏中说：苏轼在《湖州谢上表》中说自己"知其愚不适时，难以追陪新进；察其老不生事，或能牧养小民"。这是在讽刺朝政和皇帝任免的官员，给苏轼扣了个"妄自尊大，愚弄朝廷"的帽子。

第二个发难的是御史台知名"狂热分子"舒亶，在对《元丰续添苏子瞻学士钱塘集》进行了四个月的潜心钻研之后，舒亶在苏轼的诗文中挑出了几句破绽，如获至宝，立刻写进奏疏中对苏轼展开攻击。奏疏中说：皇上实行青苗法，苏轼说"赢得儿童语音好，一年强半在城中"；皇上改革科举制度，苏轼说"读书万卷不读律，致君尧舜知无术"；皇上兴修水利，苏轼说"东海若知明主意，应教斥卤（盐碱地）变桑田"。最后，舒亶给苏轼扣了个"包藏祸心，怨望其上，讪渎谩骂，而无复人臣之节者"的帽子。

第三个出手的是"定海神针"李定。此人惯常见风使舵，靠着左右逢源上位，"初奉安石，旋附惠卿，随王珪，党章惇，谄蔡确，数人之性不同，而能探情变节，左右从顺，各得其欢心。"更有甚者，李定为了升官，在母亲去世之后瞒报母丧，被司马光痛骂"禽兽不如"。

有一次，苏轼在诗中写"感君离合我酸辛，此事今无古或闻"称赞朱寿昌弃官寻母一事，李定认为这是在暗讽自己，将这份恨意深埋心中，如今得了机会，岂能放过？他在奏疏中罗织了苏轼的四大罪状：一是"怙终不悔，其恶已著"；二是"傲悖之语，日闻中外"；三是"言伪而辨，行伪而坚"；四是"讪上骂下，法所不宥"，"万死"都不足以谢罪。

这一套"组合拳"打下来，一时间，弹劾苏轼的奏疏雪片一样飞向大内，神宗气得咬牙切齿，下令彻查此事。李定请求以押解囚犯的方式抓捕苏轼，被神宗驳回。神宗素来喜欢苏轼的才华，曾赞他"李白虽有苏轼之才，却无苏轼之学。"这次也只是想让苏轼进京把事情说清楚而已，并没有要治罪的想法。李定虽然失望，却又挖空心思找到皇甫僎，让他带着儿子与两个吏卒急驰湖州抓捕苏轼。

当时，驸马都尉王诜与苏轼私交颇厚，经常诗文唱和，相互引为知己。王诜收到消息后，当即派人快马加鞭，告知在南京任职的苏辙。因为这事，王诜落了个告密的罪名。

皇甫僎星夜疾驰，本来应该最先到达湖州，无奈中途儿子生病耽误了。如此，苏辙的信才先一步到达湖州。

苏轼收到信后心下大惊，立刻请假回家。元丰二年（1079年）七月，皇甫僎径直闯入州衙，持笏立于庭中，两吏卒分立两侧，白衣青巾，顾盼之间面目狰狞，气势汹汹。

苏轼虽然已经在官场摸爬滚打二十年，但毕竟只是一介文弱书生，哪见过这样的架势，吓得不敢出去，问通判祖无颇该怎么办。祖无颇说:"事已至此,无可奈何,先出去再说。"苏轼又问该穿什么服装,他自认获罪,不能再穿官服,祖无颇却说:"你的罪名没有确定,还是朝廷的官员,应该穿官服。"苏轼这才整冠束带,出门听旨。

两名吏卒见苏轼出来,目露凶光,故意装作怀揣匕首的样子。皇甫僎看出苏轼心里害怕,故意一言不发,只用一双眼睛冷冷地盯着苏轼。苏轼心下骇然,以为神宗要处死自己,当下心惊胆战地说:"我自知得罪朝廷,今日必是赐死,只求临刑前能与妻儿见上一面。"

皇甫僎仍旧冷冰冰地回答:"不致如此。"

皇甫僎明明带着公文却不肯拿出来,只一味语焉不详,就是想要折磨苏轼。祖无颇早就看出他的意图,于是上前索要公文。苏轼看过之后,才知道事情并没有想象的严重,长舒一口气。

看过公文之后,皇甫僎便催促苏轼上路,两吏卒一同上前,一左一右将堂堂一州太守绑了,如同押解江洋大盗一般。这时,王夫人及一家老小赶来,哭天抢地,衙门里登时乱作一团。

苏轼看着一家老小,仍强装镇定,强忍着悲痛给夫人讲了个笑话:"独不能如杨处士妻作诗送我乎?"王夫人听后哑然失笑,苏轼这才转身出门。

后来,苏轼在《东坡志林》中记叙了"杨处士妻作诗"的由来。原来,当初宋真宗封禅泰山时,曾派人遍访天下隐士(即处士),寻得了个叫杨朴的人,据说很能作诗。见到杨朴后,真宗让他作首诗,杨朴却说不能。

真宗问："你临走前有人作诗送给你吗？"

杨朴答："只有妻子送了我一首诗：且休落拓贪杯酒，更莫猖狂爱咏诗。今日捉将官里去，这回断送老头皮！"

真宗听后哈哈大笑，放杨朴归山。

随后，皇甫僎几人"拉一太守如驱犬鸡"。两宋三百余年，文人地位始终显赫尊崇，苏轼身为一州之长，竟至如此，何等荒谬。

苏轼被带走时，百姓纷纷号啕大哭，跟出城门。然而，州衙中的同僚除掌书记陈师锡之外，竟无一人敢出城送行。唯一的好消息是，长子苏迈被获准同行。

第十七节

乌台诗案

苏轼被押解着沿水路一路北上，心中十分忐忑。从皇甫僎和两名吏卒凶神恶煞的表现来看，他知道自己犯的是重罪，想到汴梁城中那群严阵以待、磨刀霍霍、欲置他于死地的群奸，他就不寒而栗。船行到中途时，苏轼终于忍不住内心的煎熬，想要投水自尽，却被吏卒发现拉了回来，严加看守。苏轼想求个体面的死法已无可能，心中苦闷，转念一想，他又想到家中的妻儿老小，心中更不是滋味。

苏轼离开后，家中二十余口在陈师锡几人的帮助下投奔在南京的苏辙，不想船行到半路，被御史台派来的官船团团围住，一船老幼"几怖死"。官船离开后，王夫人及家中女眷仍心有余悸，痛骂苏轼道："平时就喜欢写书，写的书什么用也没有，却差点把我们吓死！"一怒之下将苏轼所存文稿几乎全部烧毁。这里说的书正是《元丰续添苏子瞻学士钱塘集》，这本集子出版于元丰初年，为新党们提供了不少苏轼的"罪证"。

元丰二年（1079年）八月，苏轼被押解到御史台，锒铛入狱。后来，苏轼在《晓至巴河口迎子由》中回忆了当时的情形：

去年御史府，举动触四壁。
幽幽百尺井，仰天无一席。

这座小小的牢房，一活动就会碰到四周的墙壁，仰头望天只有一个狭小的天窗，面积连一席之地都不到，如同被关在百尺深的井底一样。这样狭小、逼仄、灰暗的牢房，想来也是为苏轼"量身打造"的。苏轼做官二十年，尽管没有登台拜相，但仕途还算顺利，平日里游山玩水，吟诗作赋，来往的都是文人雅士，此时突遭劫难，心中的绝望可想而知。

在李定的主持下，对苏轼的审讯正式开始。一开始，苏轼承认"赢得儿童语音好，一年强半在城中"的确是在讽刺朝廷的青苗法，并指出这些场景都是自己亲眼所见，没有失实之处。除此之外，其余文字并没有讽刺新法的意思。

御史台岂肯善罢甘休？在李定的授意下，御史台官员便对苏轼展开了无休止的审问，所有涉案诗句一首一首、一句一句、一字一字地反复审问，苏轼不招，就不让他睡觉，动辄辱骂扑打，将他折磨得死去活来。

据后来苏颂在《元丰己未三院东阁作·元丰戊午夏予尹京治陈》诗中就回忆："却怜比户吴兴守，诟辱通宵不忍闻。"当时，苏颂在一墙之隔的地方处理另一个案件。

在长达八天不分昼夜的摧残和折磨下，苏轼只得屈打成招，承认自己有诽谤朝廷的"罪状"，签字画押后，这才得到片刻休息。

拿到苏轼的认罪书之后，李定等人欣喜若狂，第一时间将其报告给神宗。神宗看后大怒，但他也担心苏轼是屈打成招，便问李定是否用过刑。李定摇头否认道："苏轼文坛宗主，名扬天下，不敢用刑。"神宗更加气愤，下令彻查此案，一定要揪出所有相关人员。神宗当时想的是，苏轼敢这样做，背后一定有更大的阴谋，而这些人的目的就是破坏新法。就这样，在李定等人的炮制下，案件范围进一步扩大。

李定得了神宗的"尚方宝剑"，下令所有与苏轼有关的人员，都要将案件相关的所有文字呈上，胆敢隐瞒，下场就和苏轼一样。不久，御史台便搜集了一百多首苏轼赠予他人的诗词及书信等证物。

据宋人朋九万所辑《东坡乌台诗案》中记载，李定等人搜集的"谤讪"文字有六十余处，牵涉三十余人，其中不乏司马光、曾巩、王诜等一时名流，其中绝大多数所谓的"罪证"都是牵强附会，生搬硬套。

如《和述古冬日牡丹四首·其一》所述：

一朵妖红翠欲流，春光回照雪霜羞。
化工只欲呈新巧，不放闲花得少休。

在严刑逼供下,苏轼招认:"此诗讥当时执政。以'化工'比执政,以'闲花'比小民,言执政但欲出新意擘画,令小民不得暂闲也。"

又如《初到杭州寄子由二绝·其一》所述:

> 眼看时事力难胜,贪恋君恩退未能。
> 迟钝终须投劾去,使君何日换聋丞。

苏轼招认:"这是讥新法事烦难了办也。"

如此种种,不一而足。

讽刺的是,在审讯过程中,李定曾对同僚感慨,苏轼对一二十年之前所作的诗词对答如流,没有一丝一毫的差错,真是世间少有的奇才。就连欲置之于死地而后快的政敌都不得不佩服,可见苏轼的天纵奇才。若是苏轼真的在押解途中投河自尽,或者在狱中被折磨致死,对于整个中华文化来说都是莫大的损失。

据孔平仲所作的《谈苑》记载,苏轼入狱后,由长子苏迈供应饮食。苏轼极度绝望,认为自己认罪后恐怕难免一死,于是与苏迈约定,平时饭菜中只有肉和菜,不放鱼。如果外面传闻要判死刑,就送一条鱼进来。一日,苏迈出城办事,托人给苏轼送饭,那人不明就里,特地送了几条熏鱼。苏轼一见,当下便吓出一身冷汗,跌坐在地。

苏轼呼吸着潮湿阴冷的空气,摸着身下冰冷坚硬的地面,想起自己死后家中无依无靠的妻儿老小,心中一痛,潸然泪下。转念又想起苏辙，想起两人"夜雨对床"的约定，心中更觉凄凉，取出藏在胸口的毒药，准备"有尊严"地了结生命。

当时，狱中有个叫梁成的狱卒，十分仁厚。他知道苏轼蒙受冤屈，经常给他送饭，冬天还给他准备热水洗脚。苏轼以为自己死期将至，便写了两首绝命诗，嘱托梁成带出去，梁成慨然应诺。苏轼下的是诏狱，犯的是钦案，梁成只得把诗缝在枕头里等待时机。后来苏轼被赦免出狱，他又把这两首《狱中寄子由》还了回去：

其一

圣主如天万物春，小臣愚暗自亡身。
百年未满先偿债，十口无归更累人。
是处青山可埋骨，他年夜雨独伤神。
与君今世为兄弟，更结来生未了因。

其二

柏台霜气夜凄凄，风动琅珰月向低。
梦绕云山心似鹿，魂惊汤火命如鸡。
眼中犀角真吾子，身后牛衣愧老妻。
百岁神游定何处，桐乡知葬浙江西。

从这两首诗可知，苏轼当时已经下了必死的决心。做完这一切，他彻底想开了，转眼看到盘子里的熏鱼，当下便狼吞虎咽，连骨头一起嚼着吃了，吃饱后倒头便睡，鼾声如雷。

第十八节

出　狱

苏轼入狱之后，苏辙一边四处打探案情，一边向皇帝上《为兄轼下狱上书》，请求以自己的官职换哥哥免罪，通篇情真意切，令人动容。文中说，"臣早失怙恃，惟兄轼一人，相须为命"，又说苏轼"早衰多病，必死于牢狱"，请求神宗能够"赦其万死"。

之后，范镇、张方平等说话极有分量的人也纷纷上疏求情。宋代言论宽松，士人评议朝政是常有的事，且丝毫不留情面。如真宗大中祥符年间，京城百姓因大旱生活困苦，宰相王旦回家路上就曾被士人指着鼻子骂："百姓困旱焦劳极矣！相公端受重禄，心得安邪？"之后"以所持经掷旦，正中于首"。仁宗时，苏辙也曾在文章中大骂皇帝，不仅没有获罪，最后还金榜题名。怎么这些人骂得，到苏轼这里就要定罪呢？何况北宋开国之后，就定下了不杀士大夫的誓言，神宗自然也要考虑。

求情的奏折不断地飞入皇宫，神宗触动很大，不免产生了动摇，要是真留下"因言罪人"的名声，史书上怎么写，后人又该怎么看自己呢?

一天,与王珪并相的吴充问神宗:"陛下认为魏武帝怎么样?"神宗答:"不足挂齿。"吴充又问:"陛下以尧舜之法治天下,魏武帝自然不足道。不过,即使以他这样猜忌的性格都能容下祢衡,陛下怎么就容不下一个苏轼呢?"神宗脸一红,嗫嚅半响才说:"我只是想问清楚,没有其他意思。"

三国时,曹操听说祢衡擅长击鼓,任命他为鼓吏。一日,曹操大宴宾客,祢衡却当着众人的面羞辱曹操。后来,祢衡又假意向曹操请罪,在大营门口痛骂曹操,即便如此也没有获罪。两相比较,神宗自然羞愧得无以复加。

为苏轼求情的不仅有原先的旧友,还有王安石的弟弟王安礼,他曾向神宗进言:"自古大度之君,不以言语罪人……恐后世谓陛下不能容才。"

最后,仁宗皇后,即太皇太后曹氏发挥了至关重要的作用。据宋人陈鹄《西塘集耆旧续闻》记载,当时,曹氏病重,神宗前去请安,曹氏问他:"据闻苏轼已下台狱?"

神宗答:"自八月至今,已有两月。"

曹氏语重心长地说:"当年你祖父仁宗初得苏轼、苏辙时,回宫喜容满面地说:'朕又给子孙后代选中两个宰相之才。'"

神宗听后十分惶恐,曹氏长叹一声流下泪来,神宗也垂泪不止。

古时帝王常用施恩的名义赦免犯人,如皇帝登基、更换年号、册立皇后、册立太子、为重病的亲人祈福等,称为大赦天下。不过，一般而言，谋反、欺君、杀人等重罪不在赦免的范围内。不久，曹氏病情加重，神宗想要大赦天下为她祈福，曹氏说："只需要放了苏轼就好。"

十月，神宗下旨大赦天下，唯一的悬念，就是苏轼的定罪问题了。

到十一月，经过长达数月的审问，御史台终于将苏轼的罪名制成"勘状（调查报告）"，里面列举了苏轼的犯罪动机、罪状及处理意见，交由大理寺作最终判决。

"勘状"认为，苏轼之所以谤讪朝政，是因为长期没有得到升迁，朝廷提拔的新人又都是年轻人，政见不同，因此心存不满，写诗寄给朋友讽刺朝政。事实清楚，证据确凿，理由充分，请求重判。

不久，大理寺官员经过检法程序，给苏轼判了个"徒二年，会赦当原"。意思是，苏轼原本应该判"徒二年"，不过正好遇到了大赦天下，应该立即释放。宋代刑罚，分为极刑、徒刑和流刑三大类，徒刑即监禁。

判决下达后，张罗了这么久的李定等人怎么肯善罢甘休？他们纷纷上疏神宗，强调苏轼所犯的是重罪，强烈要求严惩苏轼，威慑"旧党"。苏轼写过一首诗叫《王复秀才所居双桧二首·其二》，其中有一句"根到九泉无曲处，世间惟有蛰龙知"，宰相王珪上疏说："陛下飞龙在天，轼以为不知己，而求之地下之蛰龙，非不臣而何？"这罪名一旦成立，"欺君罔上"是逃不了的，神宗认为过于牵强，不以为意。

十二月，圣谕下发，苏轼贬为"检校尚书水部员外郎、黄州团练副使，本州安置，且不得办理公事；驸马都尉王诜因泄密、调查时不及时提供来往诗文、给苏轼送礼等问题削去一切官职；王巩降级处分；苏辙降职，调任高安监筠州盐酒税务。除此之外，张方平、司马光、范镇等二十二人各自罚款。

至此，历时四个多月的"乌台诗案"终于尘埃落定，苏轼得以保全性命。

"乌台诗案"是党争的产物，也是一场政治迫害。对于苏轼来说，"乌台诗案"是他人生的重大转折点。诗案之前，苏轼的仕途虽然说不上一马平川，但至少在政绩上十分出众。这段时间，他的作品中大多写的都是齐家、治国、平天下，一心渴望重返中枢，登台拜相，完成"致君尧舜"的政治抱负，充满豪情壮志。诗案之后，他对生命和功名有了更加清晰、深刻的认识，发出"世事一场大梦，人生几度秋凉"的喟叹，从功名利禄中跳了出来，对生命的本质投入更多关注，找到了人生的真正意义。这正是"不以物喜不以己悲"的真谛，这样的心性与豁达令人肃然起敬。

十二月二十九日，汴梁城张灯结彩，扫门闾，去尘秽，净庭户，换门神；舞场歌馆中凤箫声动，玉壶光转，整座城市都沉浸在辞旧迎新的喜悦之中。

此时，衣衫褴褛的苏轼走出台狱，风甚是喧嚣，阳光十分刺眼。他抬眼望天，将自己的遭遇抛到九霄云外，诗兴大发，作诗《十二月二十八日，蒙恩责授检核水部员外郎、黄州因练副使，复用前韵二首·其二》道：

> 平生文字为吾累，此去声名不厌低。
> 塞上纵归他日马，城东不斗少年鸡。

大意是：我这一辈子都被文字所累，不过我并不在乎，我可不是那些斗鸡走狗的少年能比的。

诗中有两个典故。一是"塞翁失马，安知非福"，二是唐玄宗时期的斗鸡少年贾昌。唐玄宗酷爱斗鸡，贾昌便趁机上位，被封为"五百小儿长"，当时长安流传着"生儿不用识文字，斗鸡走马胜读书"的说法。这句仍然是在讽刺朝中的"新贵"们。

苏轼刚写完，立刻醒悟过来，自己刚刚因言获罪，这诗要是被李定那些人知道，说不定又要给自己罗织什么罪名，于是慨叹道："这毛病怎么就是改不了呢？"

这一年，苏轼已四十四岁。

元丰三年（1080年），正月初一，汴京城人头攒动，鞭炮雷鸣，苏轼却在吏卒的押送下启程黄州，除了苏迈随行之外，别无长物。

第十九节
黄　州

　　黄州即今天的湖北省黄冈市黄州区，离京城汴梁一千多里，地处长江中游北岸。

　　寒冬腊月，一路跋山涉水，顶风冒雪自不必说。跋涉虽然艰难，苏轼却不以为意。一来南方与北方的景色大不一样，越往南走，春意就越发明显，青山绿水，景色宜人，这正是苏轼的最爱；二来他想到自己虎口脱险，又能和家人团聚，心里便说不出的畅快。走到黄州地界麻城青风岭时，岭上红梅凌寒绽放，苏轼心情大好，作《梅花二首》：

其一

春来幽谷水潺潺，的皪梅花草棘间。
一夜东风吹石裂，半随飞雪度关山。

其二

何人把酒慰深幽，开自无聊落更愁。

幸有清溪三百曲，不辞相送到黄州。

他想到自己到徐州赴任时苏辙相送的情景，兄弟两人度过了一段十分快乐的时光。如今苏辙被自己连累遭贬，自己的家人也在苏辙那，团聚只是早晚的事。好在这一路有清溪相伴，将自己一直送到黄州地界。

行到歧亭时，苏轼远远看见一个似曾相识的身影，走近一看，竟是十几年前的老友陈慥，心中又惊又喜。说起来，陈慥也是一位奇人，苏轼曾专门给他写过一篇《方山子传》。

陈慥是陈希亮之子，又称方山子，"世有勋阀"，"而其家在洛阳，园宅壮丽与公侯等。河北有田，岁得帛千匹"。年轻时，陈慥对知名游侠朱家、郭解十分崇拜，一心想要成为一名仗剑天涯的侠客，为人豪爽，挥金如土。后来，他想要通过科举走上仕途，于是发奋读书，无奈运气不佳，一直没能金榜题名。

两人第一次见面是在凤翔府，当时陈慥鲜衣怒马，身边跟着两名随从，弯弓搭箭在西山游猎，说不出的潇洒快意。苏轼被对方的风采折服，一番攀谈之下，相互引为知己。

这次黄州偶遇，双方都十分惊讶。苏轼把自己的经历一五一十地说了，陈慥听后先是低头不语，继而仰天大笑，邀请苏轼到家里暂住。

苏轼来到陈家一看，只见茅草屋中家徒四壁，十分萧索，更觉惊讶。在他的心目中，陈慥是个富贵人家的公子，不应该过这样的生活。陈慥解释自己早已归隐山林，过上了闲云野鹤的日子，如今虽然生活贫穷，但家中所有人都怡然自得，这才是自己想要的生活。两人相视一笑，友情更深了一层。

苏轼每次去拜访陈慥时，他总是杀鸡宰鹅，盛情款待。

陈慥在外面虽然是个骑马仗剑走天涯的游侠，在家里却很听妻子的话。他与妻子柳氏感情很好，柳氏是个喜欢吃醋的妻子。一次，陈慥宴请苏轼，席间有两名歌女助兴，不想被柳氏听到了。她十分恼火，便敲打墙壁作为提醒，陈慥吓得连手里的拐杖都丢了。苏轼觉得十分有趣，作诗调侃道："龙邱居士亦可怜，谈空说有夜不眠。忽闻河东狮子吼，拄杖落手心茫然。"

"河东狮吼"本是佛教典故，至此成了"惧内"的代名词。

告别陈慥，苏轼父子继续前行，终于到达黄州府衙报到。时任黄州太守陈君式与苏轼很像，为人正直大度，为官勤政廉洁，爱民如子，政绩斐然，他向来景仰苏轼，两人一见如故，成了非常要好的朋友。

苏轼以罪官的身份被贬黄州，一不能住官舍，二不能领俸禄，陈君式就给他安排在了定慧禅院暂住，解决了住房问题，暂时得以安歇。

经历"乌台诗案"后，即便豁达如苏轼，也成了惊弓之鸟，在写信时常对亲友说"看后烧掉"等话。他本是闻名天下的文坛大家，交友广泛，平日里前来拜访的人络绎不绝，遭遇这次横祸之后，很多故交都断了联系，苏轼不免感叹："黄州虽地处长江中游北岸,风景如画,但偏远落后。"不过,他从没有怪过这些人,反而经常因为连累亲友而自责。

官场中从不缺明哲保身的人,因此,那些雪中送炭的朋友显得越发可贵。苏轼到达黄州后,张方平、司马光等人纷纷寄来信件询问状况,苏门学子们也一如既往地关心老师,朱寿昌派人送来美酒佳酿,在信中对苏轼关怀备至,甚至还有几位朋友亲自前来拜访。

前文提过,苏轼曾专门为朱寿昌写过"感君离合我酸辛,此事今无古或闻"的诗句,这句话也成为得罪李定的"导火索"。说起来,朱寿昌是个十分传奇的人物,"二十四孝"中的"弃官寻母"讲的便是他的故事。

朱寿昌的父亲朱巽在仁宗年间曾任工部侍郎,寿昌庶出,母亲刘氏是朱巽的小妾。朱寿昌年幼时,母亲被父亲遗弃,从此母子分离。后来,朱寿昌出仕为官,历任数州太守。然而,每当想起自己未能与母亲团聚,便"言辄流涕"。于是,他开始了长达数十年的寻找生母的苦旅。直到熙宁初年,他才打听到了母亲流落在陕西一带,已经嫁人。朱寿昌当即刺血写下《金刚经》,辞去官职,终于精诚所至,与母亲重逢。

后来,这件事被上奏给神宗,天下闻名,苏轼便是在这样的情况下作诗赞颂,与朱寿昌成了好友。

住在定慧禅院时,苏轼过了一段昼夜颠倒的生活,害怕见人,害怕出门。夜里,他常一个人呆坐在院里抬头望天,等到万籁俱寂时才独自出门,一走就是一整夜。苏轼当时在想什么,我们无法得知，只能从他当时创作的《卜算子·黄州定慧院寓居作》中管窥一二：

> 缺月挂疏桐，漏断人初静。
> 时见幽人独往来，缥缈孤鸿影。
>
> 惊起却回头，有恨无人省。
> 拣尽寒枝不肯栖，寂寞沙洲冷。

这是苏轼的代表作之一，被评价为"胸中有万卷书，笔上无一点尘俗气"。这首诗中，我们能读出苏轼的寂寞和孤独，树梢的残月，天边的孤鸿，深夜的踟蹰，内心的惶惑。

无论在哪个时代，苏轼这样"不合时宜"的人都会感到寂寞，但他绝不会让自己落寞。没过多久，他就从"乌台诗案"的阴影中走了出来，在"上可以陪玉皇大帝，下可陪卑田院乞儿"的人间烟火中摆脱了迷茫，重新投入到生活中。

不久，黄州多了位名为苏轼的厨师，他会一边熟练地烧水做饭，一边念念有词："净洗锅，少著水，柴头罨烟焰不起。"锅里的水雾蒸腾而起后，他迅速拿起砧板上的猪肉，撒盐、倒醋一气呵成，如同一位久经沙场的老将，厨房就是他的战场。

锅里煮的猪肉就是后世名扬天下的"东坡肉"。为了赞美这道味道鲜美的菜肴，苏轼特意写了一首《猪肉颂》："净洗锅，少著水，柴头罨烟焰不起。待他自熟莫催他，火候足时他自美。"

"待他自熟莫催他,火候足时他自美"是说慢慢地用小火煨炖,不用着急,到了一定的时候,猪肉自然鲜香可口。人生又何尝不是如此呢?此时的苏轼,已在岁月的磨炼中"煨"足了火候。

如今,他已不再是当年那个年轻气盛,看不惯就要反驳的书生,而是一位逐渐接纳一切、理解一切的"知天命"的智者。

第二十节

安贫乐道

苏轼在黄州的日子过得十分艰苦，他在给好友章惇的信中如实说道："鱼稻薪炭颇贱，甚与穷者相宜。"然而自己平时大手大脚惯了，"俸入所得，随手辄尽"。如今苏轼和苏迈借住在寺庙中，"布衣蔬食"，偶尔还能蹭饭，可即便如此，手上的一点积蓄恐怕也支撑不了多久了，想起自己还有一大家子要养，苏轼心中不免忧愁起来。

转眼到了元丰三年（1080年）的五月，苏辙终于把哥哥的一大家子人送来黄州，家人团聚，自然免不了一番开心庆祝。一大家子二十余口人，住在寺庙中显然是不可能了，于是，苏轼一家便迁居到了长江岸边的水驿临皋亭。

临皋亭又名回车院，是一间官方驿站，原本苏轼是没有资格入住的，好在有太守帮忙张罗，朱寿昌从中疏通，苏轼一家才得以安顿下来。当时，陈君式已经致仕，接任太守的是徐君猷。

徐君猷，福建瓯宁人（今福建省建瓯市），他不仅没有为难苏轼这个犯罪官员,还礼遇有加,一到黄州就和苏轼成了好友,两人经常在一起宴饮。后来,苏轼在《醉蓬莱》中回忆道:"笑劳生一梦,羁旅三年,又还重九……岁岁登高,年年落帽,物华依旧。"说的就是徐君猷在黄州每年九月九日登高宴饮时,都会邀请苏轼。

迁居之后,苏轼给朱寿昌写了封感谢信:"已迁居江上临皋亭……皆公恩庇之余波。想味风义,以慰孤寂。"

苏轼虽然对朋友这样说,但每当夜深人静,看着挤在房间中的一家人时,心中不免发出人生无常的感叹,他在《迁居临皋亭》一诗中写道:

> 我生天地间,一蚁寄大磨。
> 区区欲右行,不救风轮左。
> 虽云走仁义,未免违寒饿。
> 剑米有危炊,针毡无稳坐。

从这首诗中可以看出,苏轼当时心中仍然十分煎熬。他自认以仁义之心从事,却落得忍寒挨饿的下场,甚至一度有断炊的危险,人生天地间,真是万般不由己。

他在《临皋闲题》中写道:临皋亭往下走几十步就是长江,能看到大江中浪花奔涌,如同雪堆翻滚,气势恢宏,"吾饮食沐浴皆取焉,何必归乡哉!"可以看出苏轼对新住处是满意的。不过,他到底还没有走出低谷。不惑之年,获罪之身,一大家子二十多口人挤在小小的驿站中，西晒严重，酷暑难当，每天都要为生计发愁，这大概是他前半生都从未经历过的困境。

住在临皋亭时，苏轼经常一个人跑到江边，或凝望着东流的江水，或乘一叶扁舟随波逐流，似乎要一直走到水的尽头。想起晋代阮籍也曾一人一车，一直驶到荒无人烟的末路，下车放声大哭，时隔百年，两人的心境竟如此相似。

在黄州时，苏迈已经生了长子箪，苏轼也当了爷爷，祖孙三代在黄州过得十分拮据，好在苏轼有一套省钱的办法。他在《答秦太虚》中说道：初到黄州时，我俸禄既绝，家中人口又多，只好痛下决心节俭度日，每天吃穿用度不得超过一百五十钱。每个月初一，我就取出四千五百钱，分成三十等份挂在房梁上，早上用叉子取下来一串，马上把叉子藏起来防止自己管不住手，花剩下来的就放在一个大竹筒中存起来，用来招待客人。

这法子是苏轼在湖州时，一个名叫贾收的穷秀才传授的。贾收，字耘老，有诗名，隐居在苕溪畔。《乌程县志》载："贾耘老原名贾收，喜饮酒，家贫。"苏轼在湖州时经常与他同游，唱酬甚多，还画了《枯木怪石图》送给他。在《乘舟过贾收水阁收不在见其子》中，苏轼写道："爱酒陶元亮，能诗张志和。"将其比作晋代的陶渊明、唐代的张志和，评价很高。在《次韵答贾耘老》中，他甚至将两人比作管鲍之交："平生管鲍子知我，今日陈蔡谁从丘。"

这里有一桩趣事，苏轼在湖州时曾帮贾耘老纳了个小妾，在诗中笑他"倾盖相欢一笑中，从来未省马牛风"。又笑他"白昼关门守夜叉"。苏轼怎么也没想到，自己如今要靠贾耘老传授的法子度日。

对于二十多口人的大家族，每天一百五十钱实在捉襟见肘，"早晚饮食，不过一爵一肉"，"可损，不可增"，这还全仰仗黄州"贱如泥"的猪肉。这样的生活，苏轼却想得开，认为有三大好处：一曰安分以养福，二曰宽胃以养气，三曰省费以养财。不仅如此，他还将自己这规矩向朋友们广而告之，谁要是请他吃饭，也要按照这个规格来，以免自己无力回请，安贫乐道如此。

平日无事，苏轼就在家里著书立说。苏洵去世前留下半本《易传》，苏轼一直想把它写完，无奈这些年宦游四海，公事繁忙，一直不得空。如今成了"闲人"，便用一年时间完成了这本著作，同时完成的还有五卷《论语说》。宋代朱熹曾评价过："东坡天资高明，其议论文词自有人不到处。如《论语说》，亦煞有好处。"可惜的是，这本著作没有完本传世。

读书是苏轼一辈子的乐趣所在。常言道："好记性不如烂笔头。"苏轼不仅喜欢读书，还爱抄书。宋人陈鹄在《西塘集耆旧续闻》中记过一件趣事。一日，黄州学官朱载前来拜访，等了很久都不见苏轼出来，便打算离开。这时，苏轼才姗姗来迟，说自己因为"日课"耽误了。朱载一问才知道，原来，苏轼每天都要抄书，就连八十万字的《汉书》都抄了三遍。"初则一段事钞三字为题；次则两字；今则一字。"朱载不信，便随便指着一个字问，苏轼对答如流，竟然一字不差。朱载于是感慨："先生真谪仙才也！"回去之后也让儿子朱辂按照这个方法来。

苏轼是个闲不住的人，而且极善聊天，跟谁都能聊上半天。他经常穿着草鞋和布衣到处闲逛，看见人就上去搭话。碰到不会聊的，他还让人家给他编个鬼故事听，人家不会讲，他就自己讲，讲来讲去，越来越离奇，越来越荒诞，常惹得围观群众哈哈大笑。为了解闷，苏轼还学会了"挟弹击江水"，就是"打水漂"，常邀请友人到长江边上比赛取乐。

苏轼就是这样一个有趣的人，无论身处何种逆境，永远不会放弃对生活乐趣的追求。

第二十一节
东坡农人

元丰四年（1081年），到黄州一年后，苏轼一家坐吃山空，生活逐渐捉襟见肘。苏轼心里万分着急，想着要是能有一块地就好了，这事被马梦得知道了。

说起来，马梦得是苏轼的"头号粉丝"，跟随他已经二十年有余，本想跟着大文豪能够平步青云，走上人生巅峰，不想日子却越过越穷，漂泊了半生。

马梦得原本是京城太学中的"太学正"，执行学规，协助直讲考校训导学生，类似于现在的教导处工作人员，很容易得罪人，加上他不擅交际，铁面无私，人缘很不好，"学生既不喜，博士亦忌之"，心里十分苦闷。

不过，苏轼倒是很欣赏他"清苦有气节"，在京时经常找他。后来，苏轼上任凤翔府之前，专程前去告别，恰逢马梦得不在，就随手在墙壁上题了首杜甫的《秋雨叹·其一》："雨中百草秋烂死，阶下决明颜色鲜。著叶满枝翠羽盖，开花无数黄金钱。凉风萧萧吹汝急,恐汝后时难独立。堂上书生空白头,临风三嗅馨香泣。"

谁知苏轼的随手一写,竟改变了马梦得的一生。马梦得回来看到这首诗后,立刻写了封辞职信,然后跑去告诉苏轼,自己不想做学官了,更不想"堂上书生空白头",要跟着苏轼一起去凤翔。苏轼无奈,只得同意。

马梦得从此与仕途无缘,一晃二十年还是个穷秀才。苏轼内心对他实在愧疚,曾在《东坡志林》中写道:

马梦得与仆同岁、月生,少仆八日。是岁生者,无富贵人,而仆与梦得为穷之冠。即吾二人而观之,当推梦得为首。

意思是:我和马梦得都很穷,但说起来,还是他更穷一点。不过,马梦得却穷且益坚,一路跟到了黄州。

马梦得知道苏轼的心事后,立刻到徐太守那打申请,徐太守大笔一挥,把一块约五十亩、废弃多年的营房批给了苏轼。苏轼心中大喜,一家人的生计终于有了着落,对马梦得除了愧疚之外,又多了一层感激,作诗《东坡八首·其八》:

马生本穷士,从我二十年。
日夜望我贵,求分买山钱。
我今反累君,借耕辍兹田。
刮毛龟背上,何时得成毡。

可怜马生痴,至今夸我贤。

众笑终不悔,施一当获千。

大意是:马梦得本想跟着我求个"买山"的富贵,不承想却被我连累,还帮我求了块田地。他的富贵梦就像在龟背上刮毛,想要织成毡子一样。即便如此,这个"痴人"还是夸我贤明,给他一钱,他能当一千钱花。

苏轼写马梦得,又何尝不是在写自己呢?宦游二十载,辗转几万里,如今流落黄州,"致君尧舜"的理想不也像"刮毛龟背上"一样无望吗?

苏轼得的这块地位于黄州城东门外,今黄州十三坡、十八坡东南一带。唐代白居易贬谪忠州时,也曾在城东栽树。时隔百年,两人境遇竟如此相似,苏轼便给这块地取名"东坡",自号"东坡居士"。从此,黄州城多了一位东坡农人,在中华文明的历史长河里,在那些闪耀的文人名字中,又增添了一个响亮的称号——苏东坡。

苏轼虽然是个文弱书生,干起农活来却一点也不含糊。他脱去长衫,换上短衣,挽起袖子,卷起裤腿,带着一家人把荒地开垦了出来。只是当时已是深秋,过了种稻的季节,只好先种麦子。不出一月,绿油油的麦苗就长出来了。邻居见他不懂种地,告诉他麦子想要收成好,必须时常放牧牛羊,通过放牧来防止小麦幼苗生长过旺,只有这样,才能防止入冬时麦苗被冻死。苏轼"再拜谢苦言,得饱不敢忘"之后,他又在地里种了些桑树、枣树、栗树及蔬果。

忙活了几个月后，看着自己亲手打造的"希望之田"，苏轼作诗说"桑柘未及成，一麦庶可望"。想着来年地里的收成，又说"新春便入甑，玉粒照筐筥"，"行当知此味，口腹吾已许"。

解决了吃饭的问题，苏轼又在东坡附近找了块视野开阔的荒地，他很是喜欢，便想着盖几间屋子解决家人的住房问题。

大寒时节，在一众亲朋和邻居的帮助下，苏轼参与到了热火朝天的劳动中。"去年东坡拾瓦砾，自种黄桑三百尺。今年刈草盖雪堂，日炙风吹面如墨。"茅草为顶，后方覆瓦，刈草为席，经过几个月的辛苦，房子建成时已经是第二年的二月了。

草屋落成之日，大雪纷纷，苏轼福灵心至，在堂屋的四面墙壁上挥毫作画，那飘忽不定的白雪在草屋中团团绽放，无论坐卧，双目所及都是雪，苏轼便将其命名为"雪堂"。后来，苏轼好友，也是当时著名的书法家李元直手书"雪堂"二字置于堂前，给这座茅屋又添了几分风雅。苏轼是个闲不住的人，房子落成之后，他又在周围遍植墨竹，前栽细柳，后种梅花，凿了口井。后来，他又在堂前写了四句戒条：

    出舆入辇，命曰蹶痿之机。
    洞房清宫，命曰寒热之媒。
    皓齿蛾眉，命曰伐性之斧。
    甘脆肥浓，命曰腐肠之药。

大致意思是：出入都坐轿子，容易麻痹瘫痪；住深宅大院，容易伤寒中暑；贪恋女色，这是催命的利斧；美酒佳肴，那是烂肠的毒药。言下之意是我现在的生活不仅绿色健康，还能强身健体。

苏轼站在雪堂与东坡之间，看着自己渐渐磨出老茧的双手，不禁感叹"走遍人间，依旧却躬耕"。

第二十二节
一蓑烟雨任平生

在《雪堂记》中，苏轼以苏子自谓，虚构了一个客人，通过一问一答的形式，阐述了当时的心境。

客人问：你是这世间的散人还是拘束之人？散人天赋差，拘束之人欲望多。

苏子将他请到屋内，客人说：我知道了，你是想做散人，却惶惶而不可得，你是个很有智慧的人，令愚蠢之人惊叹，令聪慧之人嫉妒，今天碰到我是你的幸运，让我带你到樊笼之外看看吧。

苏子问：我如今已经退出了名利的樊笼，你还要带我去哪里呢？

客人答：功名利禄不足以称为樊笼，外人赞誉不足以称为樊笼，阴阳寒暑不足以称为樊笼，人世道德不足以称为樊笼。能够称为樊笼的，不过是智慧罢了。譬如这座雪堂，你在上面画满雪，不过是为了佚身、佚心、适然，仍然没有摆脱樊笼，真正的散人,必须做到散智、无身、无心。

苏子说:你说的境界确实更高一层,但我做不到,我如今只是想"适意"罢了。

这篇《雪堂记》通过对话的形式展现了苏轼当时人生态度的转变。文中的客人追求散智、无身、无心,可看作庄子的化身。苏轼在密州时曾经历过一段时间的内心挣扎,正是《庄子》让他走出了执念与痛苦。

时隔多年,他再次面临比密州还要窘迫的境遇时,《庄子》又成了一剂抚慰心灵的良药。他在文中说,自己无法做到像庄子那样逍遥快活,超然物外,也无法成为一个"散人",却在现实与理想之间找到了一个微妙的平衡点。这一刻,苏轼正式接受了自己农夫的身份,接受了来自庙堂之上的耻辱,也接受了"致君尧舜"与现实之间的巨大落差,选择"性之便,意之适"的人生态度。

如果说,住进雪堂之前的苏轼是一位看不惯一切不平事,藏不住一句心里话,愤世嫉俗、狂放不羁的"愣书生",那么,现在的苏轼就是一位恬静淡然,随遇而安的"老庄客"。许多人都会在生活中经历一个称为"通透"的过程。然而,每个人领悟这一过程的时机各不相同:有的人领悟得早,有的人终其一生都难以领悟这一过程的真谛。

雪堂建成后,苏轼的居住环境大为改善,终于有了招待客人的地方。

元丰五年(1082年)三月,鄱阳董毅夫前来拜访,对雪堂赞不绝口，还打算搬过来做邻居。苏轼十分高兴，作《哨遍·为米折腰》，将陶渊明的《归去来兮辞》重新组合，并令家僮扣牛角而歌，整首词浑然天成，妙趣横生。

词中写道："云出无心，鸟倦知还，本非有意。"这是说自己的境遇，又有"神仙知在何处，富贵非吾志。但知临水登山啸咏，自引壶觞自醉"。这是写自己在山水之中找到了"归处"。

三月初，苏轼和一众朋友出门看田，走到半路突然天降大雨，一行人十分狼狈，纷纷四处避雨，只有苏轼在雨中且行且歌，作《定风波》：

莫听穿林打叶声，何妨吟啸且徐行。
竹杖芒鞋轻胜马，谁怕？
一蓑烟雨任平生。

料峭春风吹酒醒，微冷，
山头斜照却相迎。
回首向来萧瑟处，
归去。
也无风雨也无晴。

无论谁看了这幅场景都会赞叹：这才是真名士，真洒脱！

只是黄州是苦寒之地，再洒脱的人也不免要做穷途之叹。四月，黄州连日大雨，江水涨得几乎漫门而入，雨仍没有要停的迹象，雪堂如同一叶扁舟飘在雾气之中。这样的天气自然无法出行，百无聊赖之下，苏轼索性到破灶里点燃潮湿的芦苇，煮上青菜，抬头看天时，却见乌鸦衔着纸钱，这才想起原来已经到了寒食节。苏轼心头一阵恍惚，掐指一算，这已经是来黄州的第三个寒食节了。他想要回汴梁报效朝廷，造福百姓，无奈君门深九重，可望而不可即；他想回眉州，可家乡相隔万里，故人已去，只有几座孤坟；他想学阮籍作途穷之哭，可此时早已心如死灰，连哭都哭不出来。

一股悲凉之感涌上心头，苏轼研墨铺纸，笔走龙蛇，一百二十九个字跃然纸上，行云流水，一气呵成，便有了这"天下第三大行书"——《黄州寒食帖》。

自古以来，那些名垂千秋的书法大家，很多都处在痛苦的旋涡中，正是这种痛苦，激发了他们挥毫泼墨的欲望。无论是王羲之的《丧乱帖》，颜真卿的《祭侄赠赞善大夫季明文》，还是苏轼的《黄州寒食帖》，都是心神激荡下的有感而发，这样的文字自然充满感染力。

之后，苏轼又作《寒食雨二首》：

其一

自我来黄州，已过三寒食。
年年欲惜春，春去不容惜。
今年又苦雨，两月秋萧瑟。
卧闻海棠花，泥污燕脂雪。

暗中偷负去，夜半真有力。

何殊病少年，病起头已白。

寒食节过后，天气渐渐转暖，苏轼游兴大发。在黄州诸多景观中，他最喜欢赤壁。需要注意的是，黄州的赤壁并非三国时的赤壁，只是名字相同，容易让人产生联想。一到夏季，赤壁岸边都是些光着膀子戏水的孩童，苏轼闲来无事，也混在孩子里捡一些漂亮石头带回家，日积月累竟有了三百颗。

这天夜里，苏轼到达赤壁已是晚上，戏水的孩童，洗衣的妇女，吟咏的骚客都回了家，只剩下悠悠白云、滚滚江水和习习凉风。苏轼站在岸边，看着不知疲倦的流水，不由得神游天外，想起几百年前那冲天的火光，消逝的英雄。心神激荡之下，一股豪迈之情涌上心头，斟一杯酒，临江而酾，写下了那首被誉为"千古绝唱"的《念奴娇·赤壁怀古》：

大江东去，浪淘尽，千古风流人物。
故垒西边，人道是，三国周郎赤壁。
乱石穿空，惊涛拍岸，卷起千堆雪。
江山如画，一时多少豪杰。

遥想公瑾当年，小乔初嫁了，雄姿英发。
羽扇纶巾，谈笑间，樯橹灰飞烟灭。
故国神游，多情应笑我，早生华发。

人间如梦，一尊还酹江月。

余秋雨先生在《苏东坡突围》中高呼："苏轼选择了赤壁，赤壁也成全了苏轼。"是啊，这世间千百年间，多少风流人物都被雨打风吹去，个人这点荣辱得失又算得了什么呢？继密州之后，这是苏轼心境和创作的又一次升华。他抛下了乌台的悲怆，命运的不公，与其哀叹"命途多舛"，不如"托遗响于悲风""江海寄余生"。

这一刻，他彻底放下了。在经历了如此多的坎坷之后，苏轼没有一蹶不振，胸中的豪迈之气丝毫不减。

第二十三节
交　游

　　元丰五年（1082年），七月间，道士杨世昌从四川来黄州拜访苏轼。杨道士是个妙人，不仅琴棋书画样样精通，有一手炼丹治病的本事，还带来了酿酒的秘方，苏轼说他"善作蜜酒，绝醇酽"，给自己的生活增添了不少乐趣。

　　得了秘方之后，苏轼就一头扎进了"酿酒大业"中，他在《蜜酒歌》里详细记录了自己酿酒的过程："一日小沸鱼吐沫，二日眩转清光活。三日开瓮香满城，快泻银瓶不须拨。"不过，后来的事情苏轼在歌中没有明说。他虽然严格按照秘方，按部就班地操作，但是酿出来的酒喝下去后却上吐下泻，成功研制出了"泻药"。

　　不过，苏轼到底不是一受挫就会放弃的人。后来，他经过不断研究摸索，在颍州酿出了天门冬酒；在定州酿出了松子酒；在惠州酿出了桂花酒，还将自己酿酒的经验集结成册，写成《东坡酒经》，这是后话。

杨道士远道而来，苏轼当然要带他去赤壁转一转。两人泛舟赤壁，饮酒作诗。这一夜，清风徐来，水波不兴，明月从山边升起，白雾横贯江面，清冷的水波连着天际，大江之上，一叶扁舟随波逐流，不知所止，宛如遗世独立的谪仙人。

杨道士吹奏洞箫，苏轼扣舷而歌："桂棹兮兰桨，击空明兮溯流光。渺渺兮予怀，望美人兮天一方。"箫声呜咽，如泣如诉。

苏轼正襟危坐，问杨道士："你的箫声为什么这么哀怨？"

杨道士说："我想起周瑜围困曹操的情景，想当年曹操破荆州，锁战船，顺流而下，旌旗蔽日，横槊赋诗，何等英雄，如今又在哪里？何况是你我这样的普通人，真羡慕无穷无尽的江水啊。"

苏轼说："你看这东流的江水，阴晴的明月，时时都在变化，最终却没有增加或减少。人生在世，该是你的就是你的，不该是你的，你一分一毫也拿不走。只有江上的清风，山间的明月，取之不尽，用之不竭，这就是造物主的恩赐呀。"

杨道士听后豁然开朗，主客相对大笑，这正是《赤壁赋》所描绘的场景。《庄子·内篇·养生主第三》中也曾说过："吾生也有涯，而知也无涯。以有涯随无涯，殆已！已而为知者，殆而已矣！"与苏轼在文中的感悟有异曲同工之妙。

几个月后，苏轼再次呼朋唤友，泛舟游于赤壁，作《后赤壁赋》。正是这两首赋，成了文坛上独树一帜的苏赋的代表之作。数百年后，明代王世贞在游览赤壁之后，写下"杯仍七月称秋望，赋是双珠可夜明"的诗句。

人穷诗乃工，文章憎命达。自古以来，苦难就是文学最好的催化剂，也是升华和超越之路，对于苏轼来说尤其如此。苏轼喜交游，爱热闹，但独处时仍然会感到挣扎与痛苦。

　　九月的一天晚上，苏轼和一群好友在雪堂喝酒，不知不觉喝到了深夜，趁醉返回临皋亭时已是深夜，此时家僮已经熟睡，他怎么敲门也没人开门，只好一个人来到江边。凉风一吹，酒已经醒了七分。他像往常一样拄着木杖，看着川流不息的江水，不由得一阵羡慕：我什么时候也能像这水一样，抛去这一身"臭皮囊"，摆脱世间的蝇营狗苟呢？于是便有了《临江仙·夜归临皋》：

夜饮东坡醒复醉，归来仿佛三更。

家童鼻息已雷鸣。

敲门都不应，倚杖听江声。

长恨此身非我有，何时忘却营营。

夜阑风静縠纹平。

小舟从此逝，江海寄余生。

　　这首词，有孔子"道不行，乘桴浮于海"的况味。

　　苏轼虽然是个遭贬的官员，但仍是当时的文坛宗主，第二天，这首词就传开了，而且越传越玄乎，最后变成了苏轼坐着船连夜离开了。黄州知州徐君猷听说后大惊失色，按照当时的制度，郡太守有看守犯官的职责，苏轼要是真跑了，他也得受连累。徐君猷急忙赶到时，只听见苏轼鼾声如雷，这才放下心来。徐君猷受惊，并不仅仅是因为害怕担责，还因为他仰慕苏轼的才华，怕他真的走了。

苏轼在黄州，还认识了一位"重量级"的朋友米芾。

米芾，字元章，能诗文，精鉴别，擅书画，与蔡襄、苏轼、黄庭坚合称"宋四家"。米芾是个"怪人"，生活和精神上都很"怪"。他出门总是要带个小银壶，随时都要洗手，洗完手又嫌毛巾脏，手上的水一定要拍干净。米芾还嫌官服脏，拼命洗了好几遍，把花纹都洗掉了，因此受了罚。精神上的"怪"，体现在爱"怼"上。他骂柳公权、颜真卿是"丑怪恶札之祖"，骂张旭是俗人一个。然而，就是这样的一个人，却与苏轼相处得很融洽。

苏轼与米芾第一次见面是在黄州的雪堂，两人都是书画大家，聊得十分投机，苏轼还拿出自己珍藏的压箱底的宝贝——吴道子的真迹给米芾看，一点也不拿这位小兄弟当外人。客人来了，自然要设宴款待。苏轼是个喜欢"炫技"的主，酒酣耳热之际，他拿出一张观音纸贴在墙上，提笔蘸墨，唰唰两笔就勾出了"两竹枝、一枯树、一怪石"，题名《枯木竹石图》赠送给了米芾。米芾看得大开眼界，连连叫绝。

来而不往非礼也，苏轼这样大方，米芾自然也要表示一下。于是挥毫泼墨，写了一幅字帖。苏轼看后赞叹："风樯阵马，沉着痛快，当与钟王并行。"然而，他又婉转地劝这个晚辈应该改学晋人。原来，米芾早年间师法唐人，深受颜真卿、欧阳询、褚遂良等人影响，始终没有自己的风格，得了苏轼指点之后，他

"始专学晋人，其书大进"，终于成为一代宗师。

苏、米两人第二次见面是十九年后，当时两人同游金山，有人让苏轼题字，苏轼却说："有元章在。"米芾谦虚道："某尝北面端明，某不敢。""端明"指苏轼的官职——端明殿学士。彼时米芾的书法已突飞猛进，不可同日而语。

第二十四节

朝　云

冬去春来，转眼到了元丰六年（1083年），也是苏轼被贬到黄州的第四个年头。

苏轼是个爱茶之人，黄州当地盛产黄茶，素有"蕲门团黄，茶之极品"的美誉。不过，这些"宝贝"都是贡品，普通人是喝不到的。苏轼"近水楼台"，心痒难耐，就在早春时节一个人登上蕲州天峰麓，看到"山圃正春风，蒙茸万旗簇"的景象，十分眼馋。茶圃主人见到大文豪来访，立刻招呼仆人为客人沏上好茶。

其实，苏轼虽然过着"姜盐拌白土""日饭止脱粟"的艰苦生活，家里却珍藏着"密云龙"这样的茶类贡品，只有十分重要的客人来访时，他才肯拿出来分享。

不久，老朋友巢谷前来投奔，苏轼十分开心，安排他在雪堂住下。

说起来，巢谷也是个奇人。他也是眉山人，年轻时读过书，想要通过科举入仕,无奈时运不济,没能考中进士。后来,他在观看武举考试后,产生了弃文从武的念头,从此开始苦练骑射,不过,巢谷最终也没能考中武举。

后来,宋夏战争爆发,巢谷仗剑西行,在边疆结识了"熙河名将"韩存宝,两人一见如故,引为知己,巢谷也顺利当上了参谋。几年后,韩存宝因"出师逗挠,遇贼不击"被朝廷问罪,自知死罪难逃,便将所有家当托付给巢谷,让他送到妻儿手中。巢谷一路潜行,顺利完成使命,从此浪迹天涯。

这一年,他听说苏轼遭贬之后,立刻前来投奔,苏轼非常高兴,还让他做了儿子的"西席先生",类似于现代的家庭教师。

巢谷常年云游四方,学了一手治病救人的本事,收集了不少药方。当时苏轼身染寒疫,找了很多郎中都治不好,巢谷便拿出秘方给苏轼治病,不日见效。苏轼也是个喜欢收集药方的人,他将收集到的药方集结成册,写了本《苏学士方》,经常给穷人看病。不过,在他软磨硬泡之下,巢谷只说这方子是"圣散子方",使用不当会危及生命,不能外传,苏轼只好作罢。

不久,黄州当地瘟疫横行,死者不计其数,苏轼再次向巢谷苦求药方,巢谷拗不过他,便让他对着江水发誓,绝不外传。苏轼照做之后才得到药方,"合此药散之,所活不可胜数"。后来,苏轼第二次到杭州赴任时,当地"饥疫并作",他又用"圣散子方"救了无数百姓。

几年后,苏轼的好友——有"北宋医王"之称的庞安时著《伤寒总病论》时,邀请苏轼为书作序,苏轼违背了与巢谷的誓言,将"圣散子方"送给庞安时,他在文章中说:"余窃隘之,乃以传蕲水人庞君安时。安时以善医闻于世,又善著书,欲以传后,故以授之,亦使巢君之名,与此方同不朽也。"救人才是药方的使命。

常言道:"医者不能自医。"苏轼虽然是个"土郎中",却不能给自己开药。这年六月,他忽然害了眼病,疼痛难忍。在《东坡志林·子瞻患赤眼》一文中,他详细记录了当时的病情,写得趣味盎然,读来十分有趣。

文章里说,苏轼得了眼病,有人说不能吃肉,他觉得很有道理,可嘴巴却不同意了。嘴巴说:"我平日里辛辛苦苦帮你吃东西,如今眼睛生病,你却不让我吃肉,这是什么道理?"苏轼听后犹豫不决,这时,嘴巴又悄悄地对眼睛说:"要不这样吧,我还是照常吃肉,以后要是我生病了,我也让你看外面的花花世界。"生病了还不忘逗闷子,苏轼就是这样的开朗豁达。

苏轼的眼疾由来已久,早在三十多岁初仕杭州时就有了端倪。那年他游山归来后,突然出现了怕光的症状,有"登临病眼怯秋光"的诗句。当时有人告诉他,用龙井的水洗眼睛有奇效,苏轼试过之后果然见效,从此对龙井水念念不忘。之后,苏轼的眼病就时常发作,而且越来越严重,初到黄州,就出现了眼花的症状。

这次发病比以往都要严重,连着几个月,苏轼都躲在家里养病,闭门谢客。他平时是个"社交达人",这么长时间不见人,外界纷纷猜测起来。当时曾巩在临川老家去世,有人就传言苏轼和曾巩一起被玉皇大帝"召走了"。这个典故来源于唐代李贺，据说他临死前，曾见到一个穿着红衣，拿着石板的人，石板上写着"上帝成白玉楼，召君作记"。

"东坡居士去世"的消息如同一颗重磅炸弹，不胫而走。第一个收到消息的是许昌的范镇，他是苏轼的忘年交，听闻之后立刻号啕大哭起来，一边用袖子擦眼泪，一边准备到黄州吊唁苏轼。不过，他到底是个老成持重的人，回过神之后，决定先派人去黄州打探消息，再作打算。

不久，神宗也收到了消息，他心急如焚，立刻召人问话。那人含糊其词，只说听说过这件事。当时神宗正在用膳，听后不断叹息："天下之大，恐怕再难找到苏轼这样的人才了，可惜了，可惜了。"说完连饭也不吃了。

其实，作为大宋文坛的"顶流"，与苏轼有关的传闻不胜枚举，他曾在《东坡志林·异事》中记录过这些趣事，除了黄州这次"眼病事件"之外，还有传闻说苏轼在海南得道成仙的。苏轼只得感叹："吾平生遭口语无数，盖生时与韩退之相似，吾命在斗间而身宫在焉。"意思是，自己之所以有这么多传闻，大概是跟韩愈（字退之）一样，都是命啊。

这年九月，苏家大喜临门，侍妾朝云为他生了个大胖小子，当时苏轼已经年近五旬，为小儿子取名遁，从"遁"，是逃的意思，可见他当时避世的心态。算起来，当时苏轼已经有了四个孩子，苏迈、苏迨、苏过、苏遁。

宋朝惯例，孩子出生三天后，要举行"三朝"的仪式，祝贺婴儿从此脱离了孕育期，正式进入了人生的另一阶段。这一天，苏轼作《洗儿戏作》：

  人皆养子望聪明，我被聪明误一生。
  惟愿孩儿愚且鲁，无灾无难到公卿。

他一生受盛名所累，只希望儿子平安长大，语气中全是悲愤。可惜，这孩子不到一岁就夭亡了，白发人送黑发人，苏轼心中大恸，作诗哭之：

  吾年四十九，羁旅失幼子。
  幼子真吾儿，眉角生已似。
  未期观所好，蹒跚逐书史。
  摇头却梨栗，似识非分耻。
  吾老常鲜欢，赖此一笑喜。
  忽然遭夺去，恶业我累尔。
  衣薪那免俗，变灭须臾耳。
  归来怀抱空，老泪如泻水。
  我泪犹可拭，日远当日忘。
  母哭不可闻，欲与汝俱亡。
  故衣尚悬架，涨乳已流床。
  感此欲忘生，一卧终日僵。

  …………

说起来，苏轼平时不喜欢和女子在一起，就连王夫人也难得能和他说上几句话。苏轼曾在《祭亡妻同安郡君文》中写道："旅殡国门，我实少恩。惟有同穴，尚蹈此言。呜呼哀哉！"意思是平日里冷落王夫人，只能用同葬一穴来弥补心中的愧疚。

不过，朝云是个例外。朝云姓王，钱塘人，幼年家贫，年纪轻轻就做了歌伎。苏轼在杭州任通判时和好友宴饮，认识了十二岁的朝云，当时便惊为天人，买到家里做了侍女。朝云不仅相貌出众，还聪明伶俐，弹得一手好琵琶，与恪守妇道、老实本分的王闰之形成鲜明对比，苏轼很是喜欢。有一次，他摸着自己的肚子问家人："谁知道这里面装的是什么吗？"其他人有答文章的，有答道德的，只有朝云说："大学士一肚子的不合时宜。"苏轼大笑，赞她道："知我者唯朝云也。"

刚到黄州时，朝云还是侍女的身份，直到生了儿子后才"转正"成为侍妾，秦观知道后，还专门写词"吹捧"了一番，上阕是："霭霭迷春态，溶溶媚晓光。不应容易下巫阳，只恐翰林前世、是襄王。"

大意是说朝云春风满面，身子妙曼，像是巫山神女一样，苏轼的前生恐怕就是襄王。这是化用宋玉《神女赋》中襄王梦神女的典故。

苏轼看到词后，心里乐开了花，当下也回了一首，上阕是："云鬟裁新绿，霞衣曳晓红。待歌凝立翠筵中，一朵彩云何事、下巫峰。"

大意是巫山神女为什么会下山呢？还不是因为老夫我吗？后

来,王弗去世后,朝云就成了苏轼最亲近的人。苏轼被贬惠州时,家中的姬妾全都散去,只有朝云一路陪着他,直到三十四岁感染瘟疫去世。今天广东省惠州市的"六如亭"就是苏轼为朝云所建,亭柱上的楹联题的正是:"不合时宜,唯有朝云能识我;独弹古调,每逢暮雨倍思卿。"

第二十五节
与佛结缘

　　苏轼家族与佛教有很深的渊源。苏轼在《十八大阿罗汉颂》跋文中回忆道：外祖父程公少年时游历京师，回到蜀地后遭遇战乱，口粮断绝，连回家的路费都没有。后来，有十六位僧人前去见他，给了他一笔钱财，才得以安然归家。后来，苏序到处寻访这几个僧人以报当年之恩，却寻而不得。于是认为他们就是十六罗汉，设香堂供奉。受父亲的影响，程夫人也尊佛崇佛。苏轼在《真相院释迦舍利塔铭并叙》一文中曾回忆过父亲苏洵与母亲程夫人"皆性仁行廉，崇信三宝""爱作佛事"。幼年苏轼耳濡目染，对佛教和僧人也天然有三分亲近。

　　宋僧释惠洪曾在《梦迎五祖戒禅师》中说，程夫人怀苏轼时曾经梦到一个僧人前来托宿，一问才知道是五祖的高徒，后来苏轼也梦到过。明代冯梦龙甚至在《喻世明言》中说，苏轼前世就是五戒和尚。这些事虽然都是穿凿附会，却能从另一个方面说明苏轼崇佛是公认的。

北宋寺庙林立，高僧众多，僧人们大多能文善词，苏轼历任杭州、黄州等地，也经常探访佛寺，与高僧探讨佛法。到黄州之后，苏轼遭遇了身心双重打击，暂住在惠州禅院，和僧人同吃同住，这段经历使他进一步与佛教结缘。

苏轼是个矛盾的人，一方面，他有着心怀天下的理想，关注政治与百姓的生活，这是他作为士大夫入世的一面，也是儒家的要求。另一方面，他一生坎坷，屡屡遭受迫害打压，需要一个精神上的庇护所，而追求出世的道家和佛家正为他提供了这样的慰藉，这是他出世的一面。因此，苏轼在创作中融会贯通了儒、释、道三家的思想精髓，这也使得他的作品中既有"我坐华堂上，不改麋鹿姿"的责任，也有"是非成败转头空"的超然，"一蓑烟雨任平生"的洒脱，"逝者如斯，而未尝往也；盈虚者如彼，而卒莫消长也"的思考。

在黄州的这几年，苏轼经常参禅打坐，用心钻研佛经，领悟佛法。他虽然家徒四壁，悲天悯人的情怀却更加显现，甚至对鸡、鸭、鱼等动物也生出同情心来。到黄州第二年，他在《南史·卢度传》中说："我幼年时就不喜欢杀生，然而一直没有断过。这些年来，我才开始不杀猪羊，无奈生性爱吃螃蟹蛤蜊，还是免不了。去年我被关在乌台狱中，经历了不少折磨，侥幸得脱之后，想起自己亲手烹杀的螃蟹蛤蜊所受的煎熬，跟在狱中的我有什么区别呢？从此，我见到螃蟹这些小东西都会捡起来，到江中放生，虽然不一定能活，却好过受煎煮之苦。从今往后，我发誓再也不会为了口腹之欲杀生。"

苏轼不仅自己不杀生,还劝别人也"放下屠刀"。不杀生是对生命的尊重,是一种众生平等的觉悟。然而,苏轼的"不杀生",是指不再亲手宰杀,他吃起肉来,还是很香的。

苏轼在黄州过得拮据,但做起好事,救起人来却绝不含糊。早春时节,朋友王天麟前来拜访,说起岳州、鄂州一带的陋习,十分残忍。原来,当地乡村百姓只生两男一女,超过这个数量就要杀死,而且当地重男轻女的思想十分严重,导致民间没什么妇女,很多男人都讨不到老婆。

婴儿出生后,孩子的父母也不忍心,常常闭上眼睛别过脸去,用手把婴儿按在水中,孩子咿咿呀呀地好久方才死去。王天麟是个善人,每听到附近有这样的惨剧,就会马上过去抢救,给些衣服和食物,救活了不少人。苏轼在密州时也经历过这样的事,也救过不少婴儿。可是,当地少说有十几万户人口,每年溺死的婴儿不知凡几,如果不想办法从根本上解决问题,这样的悲剧就无从避免。他对动物都怀着慈悲之心,何况是婴儿呢?

于是,苏轼当即给鄂州太守朱寿昌写信,希望能够挽救更多生命。他在信中提出了两点建议:

第一,按照大宋律法,故意杀死子孙,应判处两年徒刑,这些都是州县官吏的职责,应该把这些律法抄录张贴在墙上,让百姓们知法懂法,抓几个,重判几个,让百姓们互相检举,这是制度层面;

第二,父母爱孩子是天性,杀婴儿实在也是被逼无奈,如果能够由官府和地主出面,发现没有能力养孩子的稍微接济他们一些，让他们先把孩子留下来养着，时间一长，自然就不忍心杀了，这是人性层面。

苏轼不仅给太守写信，还自掏腰包，每年出钱一千钱，组织爱心人士成立救儿会，四处寻找贫苦孕妇，答应养育婴儿的，就发放钱粮被褥。凡是捐款、养育婴儿的人，都记载在功德簿上，公告于众。在苏轼的努力下，被救活的孩子不计其数。

自己身处苦难之中，却看不得别人受苦，这不正是佛家所说的普度众生吗？看一个人的心性，不能只听他说什么，最关键的是看他做什么。

众生度尽，方证菩提。

第三章

老病思归真暂寓，功名如幻终何得

第二十六节
山高路远

苏轼在黄州受苦,这绝不是神宗的本意。神宗是个有理想,有抱负的皇帝,一心想要国家富强,百姓安康,要实现这个目标,就必须推行新法,而苏轼作为当时在文官群体中有巨大影响力的"守旧"代表,是变法派的"眼中钉,肉中刺",神宗迫于无奈,只好把他放逐。从某方面来说,这其实也是一种变相保护。

然而,王安石致仕后,变法派的当权者们,大多是王珪、蔡确这样的庸人。神宗看在眼里,急在心上,动了起复司马光、苏轼等人的心思。

元丰四年(1081年)十一月,神宗召集众大臣在天章阁开会,商议新任大臣人选。就在王珪等人热烈讨论时,神宗忽然拿出一张画着官职的图谱,图中御史中丞、执政的官职上赫然写着司马光,而中书舍人、翰林学士的官职上则写着苏轼。

当时,司马光已经在"独乐园"潜心编撰《资治通鉴》十年有余，苏轼也在黄州种了四年的地，神宗这一举动，已经向众人表明了态度：朕要起用旧党了，大家最好都互相给个面子，保持君臣和谐，不要闹到撕破脸的那一步。

神宗的话说得很清楚：这两人虽然都反对过新法，但这只是政见不合。况且，两人都是忠于朝廷的，怎么能就这样废弃不用呢？

王珪和蔡确自然明白皇帝的心思。不过，这两人无论官场资历还是才学威望，和司马光、苏轼比都是云泥之别，两位重量级人物一旦回归中枢，哪还有他们"发光发热"的余地？

一开始，王、蔡两人决定用"拖"字诀，神宗每次问起复的情况，两人都推说还在商议，不过，拖延终究解决不了问题，王珪人称"三旨宰相"，没什么主见，心里虽然老大不愿意，却想不出什么好办法，蔡确却是纵横官场的权谋老手。

当时，边军将领种谔上奏西夏国发生内乱，希望朝廷"大兴王师，以问其罪"。神宗一直有讨伐西夏、开疆拓土的想法，而司马光历来反对穷兵黩武，反对用兵，反对增加兵员。蔡确一想，如果自己能推动西征，司马光就绝对不可能再重返朝堂，皇帝一忙起来，苏轼起复的事不也就不了了之了吗？

在蔡确的推动下，神宗皇帝御笔亲书，下达讨伐西夏的诏命，调集五路大军直指西夏腹地，想要一举吞并西夏五州。为确保万无一失，宋廷还请吐蕃出兵渡黄河攻取凉州，牵制西夏兵力。

然而，事与愿违，五路大军中，只有李宪部攻克兰州，其余各部均损失惨重，最后却只取得了银、夏、宥三州，致使宋朝元气大伤。即使如此，神宗仍十分高兴。因为银、夏、宥三州已失陷百年，如今被自己收复，这足以证明，自己这些年来推动的变法真正起到了"强兵"的作用。

由于银、夏、宥三州地势开阔，无险可守，次年九月，神宗下诏徐禧与内侍李舜举在三州交界处修筑永乐城，以作为宋军的战略大后方。

然而，新城三面都是绝崖，没有水源可用，早在选址时，宋军边将种谔就曾经苦谏，认为此城必败，徐禧不听。果然，永乐城建成不到十天，西夏发动大军围城，城中缺水，"士卒渴死者太半"。不出几天，西夏大军破城而入，宋军战死士卒、役夫无数。

神宗深夜收到奏报，绕着床榻整整走了一夜，彻夜难眠，第二天上朝时，他再也压制不住内心的悲痛，临朝痛哭，声嘶力竭。他哭的是"丧师覆将，涂炭百万"，也是自己壮志未酬，开疆拓土的政治雄心至此化作泡影。

永乐城之战导致了两个结果，一是神宗痛定思痛，再也不敢轻言战事；二是他更加坚定了起复"旧党"的决心。

元丰七年（1084年）正月，神宗对王珪等人的"拖"字诀再也无法忍受，直接越过宰相，不顾"君王与宰辅共治天下"的传统，亲笔写下诏书，任用苏轼为河南汝州团练副使。这次任命大有玄机，从表面上看，苏轼的官职没有改变，属于"平级调动"，但从地域上看，汝州地处河南中西部，离汴梁不过在咫尺之间，下一步就是直升中枢了。

这一年，苏轼已年近半百，在黄州一住四年，他早已习惯了农人的生活，有了颐养天年的念头，早年间"致君尧舜"的政治理想已经淡了不少。但转念一想，这毕竟是神宗对自己的期望，无法拒绝，于是照例写了一封《谢量移汝州表》，准备离开黄州。苏轼在表中说，自己"只影自怜，命寄江湖之上；惊魂未定，梦游缧绁之中。憔悴非人，章狂失志。妻孥之所窃笑，亲友至于绝交"，十分可怜。

就是这句话，又被一众官员拿来做文章，说苏轼这是抱怨皇帝冤枉自己，让自己在黄州过了好些年的苦日子。神宗直接说，苏轼的意思我知道，他绝没有这样的想法，这才把反对的意见压下。

同年四月，苏轼与家人打点行装，把田地和雪堂交给邻人照管，准备离开黄州。临行前，当地官员为他举办饯行宴。苏轼在黄州经常参加这类宴会，喝到酒酣耳热时，总有人讨要墨宝，苏轼也不拒绝。这次宴会上有一位官妓，是他的忠实"粉丝"。宴会上，她壮着胆子取下披肩，想让"偶像"给自己题首诗。苏轼心情大好，当下让她研磨，提笔写下"东坡五载（宋人何薳撰《春渚纪闻》中作"七岁"）黄州住，何事无言及李宜"的诗句。

意思是我苏东坡在黄州住了五年，既没有见过你，也没什么想对你说的。众人一看，见这两句诗平平无奇，大失所望。当事人更是闹了个"大红脸"，愣了半晌，一时间不知道该说什么。

苏轼写完这两句之后，撂下笔自顾自饮酒谈天去了。客人们也觉得奇怪，这两句诗看上去绝不是"大文豪"的水平，还只写了一半，到底是什么意思？直到酒席结束时，官妓才复拜再请，请求苏轼补完诗句。苏轼哈哈大笑，提笔写下："恰似西川杜工部，海棠虽好不留诗"的诗句。这句写完，在场众人纷纷拍手叫绝。

原来，这两句取的是杜甫与海棠的典故。杜甫在"海棠之乡"四川待了八年，留下无数脍炙人口的名篇，却没有一篇是写海棠的。有人问他原因，杜甫说："以我的水平，很难将海棠之美写出来，因此不写。"原来，他不是不能写，而是不敢写。苏轼用典之巧妙，令人绝倒。

苏轼在黄州待的这段时期是他人生和作品风格的重大转折期。身份的变化，梦想的破灭，人情的冷暖，生活环境的转变给他带来了巨大的精神打击，也让他开始重新思考人生，从一开始的惧怕、煎熬逐渐转变为接受、享受、超然，能够以更加广阔的哲学视野观照人生，这也是苏轼能够历千年而不朽的魅力所在。正如王国维所言："三代以下诗人，无过屈子、渊明、子美、子瞻者。此四子者，若无文学之天才，其人格亦自足千古。"

第二十七节

一路交游

元丰七年（1084年）三月，苏轼先行一步沿途访友，苏迈带着一家老小紧随其后，一家人正式告别黄州，奔赴汝州。

从黄州到汝州，全程一千多里，需一个多月到达。然而，这一路，苏轼却走了一年多。

苏轼沿江而下，准备先去武昌。舟行江上，他听到黄州城传来熟悉的鼓角声，仿佛在为自己送行，他是个心思细腻的人，想起这些年在黄州的点点滴滴，不免思绪万千，愁肠百转，写道："黄州鼓角亦多情，送我南来不辞远。江南又闻出塞曲，半杂江声作悲健。"

四月，苏轼抵达武昌，陈慥、潘鲠、潘丙、潘大临等一众人已经在岸边等候多时，苏轼与众人欢聚，喝了几场酒之后，才依依不舍地重新上路，出发前往九江。

几天后，苏轼到达九江，庐山就坐落在这里。智者乐水，仁者乐山，庐山自古就是文人骚客的"朝圣地"，李白就曾留下过

"飞流直下三千尺，疑是银河落九天"的名句。苏轼对庐山神往已久，只是一直没有机会前往，这次正好弥补心里的遗憾。

二十四日，苏轼与朋友几人一起登上庐山，立刻被绝美的景色吸引。苏轼向来爱山，加上四月正是春暖花开的时节，一路上但见翠竹参天，碧水潺潺，放眼望去，只见绿荫如织，云雾缭绕，如同仙境一样。苏轼看得眼花缭乱，心旷神怡，对众人说："这样的盛景我无论如何也写不出来，这次来庐山我绝不作诗。"

不过，话是这么说，苏轼这样的"大文豪"哪有不作诗的道理？说起来，他之所以打破"承诺"，还有件趣事。当时，庐山上有很多寺庙，不知谁把苏轼要游山的消息给透露了出去，一行人走到山中的开元寺时，寺里的僧人忽然大喊："苏子瞻来了！"一群僧人霎时间拥了出来，把苏轼团团围住，像是看什么世间奇景一样，脸上写满激动。

苏轼心里又是感慨又是得意，即兴写了首诗，其中有这样一首——《初入庐山三首·其三》：

芒鞋青竹杖，自挂百钱游。
可怪深山里，人人识故侯。

他没想到，自己的处境如此窘迫，穿着草鞋，拄着竹杖，只是个落魄潦倒的文人，居然能在深山老林里被人认出来。

游玩庐山后，苏轼绕道江西兴国，看望曾经到黄州探望过自己的老朋友杨绘，之后再自兴国去筠州，与多年未见的弟弟苏辙一家团聚。未到筠州时,苏轼给苏辙写信说,我风餐露宿六百里来见你,如今瘦弱得如同一羸马,你看到我时一定会惊讶,但不用担心,我虽然瘦弱,但身体健壮。苏轼这是怕弟弟心疼,先做了铺垫,说说宽心话。

转眼到了端午,苏轼与苏辙、三个侄子、当地的两位禅师一起远游真如寺,就是在这里,云庵禅师告诉苏轼,他母亲怀孕时梦到的瞎眼和尚,正是五戒禅师,苏轼笑称自己是"戒和尚",之后还经常在官服里套上一身僧衣。苏轼掐指一算,上一次和弟弟一起过端午,已经是七年前的事了,不由得感叹"身随彩丝系,心与昌歜苦",苏辙也感叹"一违少壮乐,日迫老病苦"。似乎只是一眨眼的工夫,两人就成了"白发粲可数"的中年人。

在筠州,苏轼过了十天的快活日子,与苏辙依依惜别后,折返回九江与家人会和,准备一起沿水路前往汝州。当时苏迈还没到,佛印却发来了同游庐山的邀请,苏轼满心欢喜,欣然应诺,和一众高僧游览名胜,探讨佛法,十分快活。

佛印是苏轼最"知名"的朋友之一,后世有很多关于两人的趣事流传。佛印法名了元,字觉老,俗姓林,江西人,自幼熟读儒家经典,三岁能背诵《论语》,五岁能诵诗千首,也算得上是当世著名的神童。十几岁时开始钻研佛法,二十八岁在江西承天寺出家,其后往返各大古刹,很受人称道,神宗听说了他的名号后,专门赐法号"佛印"。

苏轼和佛印都是精通儒、释两道的大家,早就互相倾慕已久。苏轼在黄州时,两人就经常写信,这次到了江西,这对"笔友"才终于得以见面。不出意外，两人一见如故，互相引为知己，此后一直保持着书信往来。南宋时有一本《东坡问答录》（又名《东坡居士佛印禅师语录问答》），据传是苏轼撰写，书中所有内容都是苏轼与佛印来往问答的语录。

六月间，朝廷诏书下达，苏迈被任命为饶州德兴县县尉，苏轼决定先送儿子赴任，再去汝州报到。几天后，父子二人到达湖口（今江西省九江市湖口县），同游当地名胜石钟山，写下著名的《石钟山记》。游览石钟山时，苏家父子在夜里乘着小船，乘着月色来到绝壁下，发现巨石"空中而多窍，与风水相吞吐"，这正是石钟山能够发出声音的秘密。苏轼不由得感叹"士大夫终不肯以小舟夜泊绝壁之下，故莫能知。而渔工水师，虽知而不能言。此世所以不传也。"一件事要想知道真相，就得深入实地调查。

辞别苏迈，一家人到达当涂，苏轼与朋友大醉一场。席间，苏轼醉眼蒙眬中要来笔墨，在墙上写下"剑在床头诗在手，不知谁作蛟龙吼"的诗句。

第二十八节
乞居常州

元丰七年（1084年），八月间，苏轼一家抵达金陵。船还没靠岸时，苏轼远远就看到岸边有个衣着朴素，骑着毛驴，风尘仆仆的瘦弱老人早已等候多时，定睛一看，此人竟是曾经的"政敌"王安石。

见到昔日宰辅风烛残年的模样，苏轼百感交集，深揖道："今日子瞻敢以野服见大丞相。"王安石听后大笑道："这世间的礼俗，哪里是为你我这样的人设的？"

这对几十年的官场冤家相逢一笑，仇怨尽消，留下一段千古佳话。说起来，这次会面颇具戏剧色彩。王安石是昔日的宰辅，一人之下，万人之上，作为曾经的胜利者，一时风光无两，如今却成了个骑驴的"闲人"。苏轼呢？曾经的天子宠儿，文坛宗主，却被加上"莫须有"的罪名，一夜之间成了戴罪之身。这场惊心动魄的党争风波，多少人蒙难，多少人上位，而作为两派的代表人物，如今却在金陵的渡口边，一个骑驴，一个乘船，没有庙堂之高，皇帝之远，只有青山巍巍，绿水潺潺。这对相互倾慕的文人，终于能够抛下政见，促膝长谈。

苏轼在金陵王安石家一住就是一个多月。其间，两人在一起诗词唱和，同游钟山。这段时间，苏轼改变了对王安石的"刻板印象"，只觉得这个老人越看越可爱，越看越顺眼。两人本来就是主义之争，没有私人恩怨，苏轼对王安石的印象，受了苏洵很大的影响。王安石未发迹时，苏洵曾专门写了篇文章，讽刺他"衣臣虏之衣，食犬彘之食，囚首丧面而谈诗书"，身上永远有一股酸臭味，个人卫生这点小事都办不好，还怎么治理国家？后来，王安石又扶持蔡确、章惇、吕惠卿等人上位，风评更差。

苏轼参加礼部的进士考试时，王安石看了他的文章，认为这个年轻人学的都是"纵横家之学"，不堪重用。后来，王安石推动变法，苏轼接连反对，两人关系更加恶劣，至"乌台诗案"后，终于到了交恶的极点。

然而，抛开政治，对于苏轼的才学和品性，王安石向来十分欣赏。苏轼身陷囹圄后，不少亲朋好友都退避三舍，不敢出声，王安石却给神宗写信，劝谏他不要杀苏轼。"安有圣世而杀才士乎？"苏轼遭贬黄州后，王安石已经致仕多年，不再关注时局，却十分关心苏轼的境况，黄州每次来人时，他总是讨要苏轼的大作来赏读一番，每次看完后都要感叹：子瞻真乃人中之龙也。

王安石很享受在金陵远离政治的安逸生活，多次劝苏轼在金陵城置田买屋，做自己的邻居。苏轼也非常心动，无奈最终没有买成。临行前，他在诗中写道："劝我试求三亩宅，从公已觉十年迟。"大意是如果能够早十年，我一定会成为先生的学生。两人虽然只相处了短短一个月，却已经成为知己。

八月十四日，苏轼告别王安石，乘舟前往仪真。王安石赶到江边送行，看着苏轼远去的背影，感叹道："不知更几百年，方有如此人物。"两年之后，王安石在金陵病逝，苏轼在为他写的制文中评价道："使其名高一时，学贯千载；智足以达其道，辩足以行其言；瑰玮之文，足以藻饰万物；卓绝之行，足以风动四方。"

在仪真，苏轼住了二十多天，偶遇同窗蒋之奇。蒋之奇是宜兴人，他盛情邀请苏轼去家乡买田，苏轼欣然应允。一到宜兴，苏轼只感觉神清气爽，像是前世在这里住过一样，动了在此地养老的念头。

没过几天，苏轼就在宜兴看中了曹姓地主家的一块田，火速"下单"买了下来，又买了个小园，设想着要种上"柑橘三百本"，实现"柑橘自由"。他想起屈原曾作《橘颂》，想着等自己的小果园落成之后，也要建一个亭子，取名"楚颂"。想着想着，不觉喜上眉梢，对这样闹中取静的生活无限向往。

十月间，苏轼到扬州游玩，时任扬州太守吕公著热情款待。在扬州，苏轼上《乞常州居住表》，请求神宗能允许自己在常州养老。然而，苦等一个多月，神宗没有任何批示。苏轼心急如焚，再次向神宗提出申请，情真意切，几近哀求。他在表中说，自己漂泊半生，在黄州"禄廪久空，衣食不继"。离开黄州后，一路舟车劳顿，"举家重病，一子丧亡"（指朝云的幼子），如今盘缠用尽，一大家子二十多口"无屋可居，无田可食"，十分凄凉。苏轼没有撒谎,他这段时间过得确实拮据,家人也时常饿肚子,好在他名满天下,一路上都有人接济,这才勉强撑了下来。

得不到神宗的批准,苏轼只能继续前行。十二月间,一家人渡过淮水,到达泗州,决定就地过年。苏辙的亲家黄寔正好在这里做官,赶着在除夕夜为苏轼送来年货酒菜,算得上雪中送炭。苏轼感激异常,在诗中写道:"使君夜半分酥酒,惊起妻孥一笑哗。"

正月初四,苏轼一家离开泗州,往南都拜谒张方平。彼时,这位苏家父子的"老伯乐"已经双眼昏花,几近失明。苏轼的到来,令张方平十分高兴,他带着几个儿子设宴款待。席间,苏轼见到了一位故人,令他有恍若隔世之感。原来,苏轼初到黄州时,太守徐大寿经常邀请他赴宴。当时,徐大寿有个美艳的姬妾,名胜之,苏轼还作词调侃徐大寿说:"曲穷力困。笑倚人旁香喘喷。老大逢欢。昏眼犹能仔细看。"今日在宴会上妙舞蹁跹的赫然是胜之。原来,徐大寿去世后,胜之又做了张方平儿子的侍妾,依然巧笑嫣然,依然长袖善舞。苏轼一时间悲从中来,竟在席间痛哭起来,胜之只觉得好笑,咯咯笑个不停。

二月间,苏轼终于收到了神宗的恩旨,准许他在宜兴养老。"仍以检校尚书水部员外郎、团练副使,不得签署公事,常州居住。"苏轼心中大喜,作《满庭芳·恩放归阳羡》:"老去君恩未报,空回首、弹铗悲歌。船头转,长风万里,归马驻平坡。"

此时的苏轼早已厌倦了宦游生活,迫切地想要安定下来。他调转船头,快马加鞭地来到宜兴买了处宅子,又添了几亩薄田,半生漂泊终于有了归宿，苏轼只觉平生从来没有这么畅快过。

买这间宅子，苏轼穷尽了所有资产，又选了个吉日带着一家人欢欢喜喜地住了进去。一日夜里，苏轼正在乡间漫步，忽然听到有妇人痛哭，他推门进去，问老妇为何哭泣。妇人说："我家有一套祖传的宅子，儿子不争气，背着我偷偷卖了。"苏轼一问，才知道买主竟是自己，于是当着老妇人的面烧掉房契，也没有要回自己的钱。此事见于南宋费衮的《梁溪漫志》。

苏轼在常州的日子非常快活，不仅是因为风景宜人，还因此地有他最爱的河豚。他曾在《春江晚景图》一诗中写过：

竹外桃花三两枝，春江水暖鸭先知。

蒌蒿满地芦芽短，正是河豚欲上时。

关于苏轼与河豚，宋人孙奕在《示儿编》中记过一件趣事：常州本地有个富人，家里厨子做得一手好河豚。他听说苏轼是品河豚的老饕，便邀请他到家中赴宴，想请大名鼎鼎的"苏学士"品评一番。没想到苏轼只顾埋头大吃，一言不发，众人万分失望。直到酒足饭饱之后，苏轼才忽然放下筷子，拍桌大赞："也值一死！"从此有了"拼死吃河豚"的典故。苏轼为了吃河豚，甘愿将生死置之度外，算得上"馋胆包天"了。

在常州的这段时间，苏轼感觉自己简直身处天堂一般。然而，世事往往不由人，这样的"神仙日子"只过了几个月，朝廷的一纸诏令便打破了苏轼的美梦。

第二十九节

玉堂金马

元丰八年（1085年）三月，年仅三十八岁的神宗，带着遗憾永远地离开了世界，年仅十岁的哲宗继位，由神宗的母亲高太后垂帘听政。

高太后向来反对变法，如今大权在握，她要做的第一件事就是召回保守派，起用司马光，神宗耗尽一生心血推动的新法，几乎一夜之间被尽数废除，史称"元祐更化"。

高太后向来欣赏苏轼，五月，新皇帝的诏令到达宜兴，任命苏轼为朝奉郎，回汴京任职。不到一个月，朝廷的诏令再次下达，任命苏轼为登州太守，家中所有人欢天喜地，各地朋友也纷纷写信祝贺。

然而，对于这项任命，苏轼十分担忧，在给朋友的信中写道："岂意残年踏朝市，有如疲马畏陵坡。"他是党争的受害者，深知伴君如伴虎的道理。如今已是天命之年，还要拖着"残躯"重新卷入到这样的旋涡之中，心里百般不愿。但是，君王的命令不是他所能违拗的。

七月间，苏轼带着一家老小重新上路，经润州，过扬州、楚州、海州、密州，经过密州时，百姓们都出城夹道欢迎，当初他救下的孩童，如今很多已经长大，苏轼老怀大慰。这一路历时三个月，到登州时已是十月十五日。

不承想，一行人刚到五天，朝廷诏令再次下达，任命苏轼为礼部郎中，回汴京任职。无奈，苏轼只好再次告别登州。他在登州虽然只有短短十余天，却目睹了海市蜃楼的奇观，作《登州海市》，其中有"心知所见皆幻影，敢以耳目烦神工""率然有请不我拒，信我人厄非天穷"的诗句，对于朝廷的任命，他已欣然接受。

十二月底，苏轼一家终于抵达都城。站在汴京高大的城墙之下，苏轼霎时有些失神，六年前自己从乌台得脱囹圄时，也是十二月。那年的除夕，自己在万家灯火中奔赴黄州，前途茫然，生死未卜。再看今日，城下众人中那个点头哈腰，满脸谄笑的，不正是把自己送入大狱的李定吗？

时隔六年，此时的汴京城沧海桑田，物是人非。然而，苏轼这次回京，可谓顺风顺水，平步青云，只做了十几天的礼部郎中，便升任为起居舍人，三月后升中书舍人，不久再次升任，做了玉堂金马的翰林学士知制诰，距离宰相之位仅一步之遥。

知制诰是当时最为清贵的官职，负责草拟圣旨，这段时间中，出自他手的诏令有八百多条。多年之后，一位接替知制诰的人问服侍过苏轼的老仆人："我和苏学士谁更胜一筹？"老人回答:"你们俩都是文采飞扬的人,但苏学士从不翻书。"原来,草拟诏书时常要用典,翻书是常有的事,从这一点就能看出苏轼的渊博。

除草拟诏书之外,苏轼还当了小皇帝的老师,经常给他讲治乱兴衰、邪正得失的事。一次读到祖宗《宝训》时,讲起实事,苏轼语重心长地对小皇帝说:"现在赏罚不明,善恶无所劝沮,夏人入镇戎,杀掠数万人,帅臣不报,这些事,都是国家衰败的源头。"说完之后,他认真地看着眼前这个稚气未脱的少年,心下感叹:我的话他也不知道听进去多少,记住多少。几年后,这个少年就将成为亿万生民之主,不知是福还是祸。这些事,他自然是没有答案,只能尽力而已。

宋代,翰林学士需每夜轮值,这一夜轮到苏轼当值时,太后召他入殿问对,小皇帝陪在祖母身边。

太后问:"你前年做什么官?"

苏轼答:"臣是常州团练副使。"

太后又问:"现在做什么官?"

苏轼答:"现在任翰林学士。"

太后问:"你凭什么能够平步青云?"

苏轼答:"是因为太后和陛下。"

太后大摇其头,说:"这是先帝的意思,他每次诵读你的文章时,都会赞叹'奇才''奇才',只要吃饭时不动筷子,就一定是在看你的文章。可惜他还没来得及进用你就走了。"

苏轼听后痛哭不已,太后与哲宗也跟着落泪。

夜深了，太后让内侍撤去皇帝面前的金莲烛，举着烛火送苏轼回翰林院。金莲烛照着苏轼的身影，却照不清前面的路。烛光摇曳，恰如他此时在朝中的处境。

唐宣宗时，令狐绹任翰林学士承旨，一夜被宣宗召入宫中问话直到深夜。令狐绹离开时，宣宗专门用自己的御轿和金莲烛送他回去，宫人都以为是皇帝出行，直到第二天才知晓真相。没过多久，令狐绹便出任宰相。太后的用意，苏轼自然知道，只是无论如何也高兴不起来。

北宋朝堂此时并不太平，哲宗即位后改元元祐，高太后大权在握，司马光得以入朝拜相。他是旧党领袖，名闻天下，时人称"旧党赤帜"。司马光入京时，成千上万的百姓、官员将街道围得水泄不通，高呼："留相天子，活我百姓！"他上台之后，将变法的责任一股脑都推给王安石，说他"不达政体，专用私见，变乱旧章，误先帝任使"，对新法全盘否定，将旧法一一恢复。

同时，范纯仁、朱光庭等旧党成员也纷纷进入台鉴谏，磨刀霍霍，只等司马光一声令下，就要对新党"下刀"。

第一个遭殃的是章惇。司马光下令废除差役法后，朝中没有一个人敢说话，只有章惇上疏，逐条分析免役、差役二法的利弊，同司马光在太后面前据理力争。没过多久，弹劾章惇的折子像雪片一样飞进皇宫，章惇被贬出朝任汝州知州。

之后，蔡确受到围攻，被贬为陈州知州，次年再贬安州。在安州，蔡确写《夏日登车盖亭》绝句十首，其中有不少抒发心中怨愤的句子，被旧党众人得去，说他"内五篇皆涉讥讪，而二篇讥讪尤甚，上及君亲"，掀起了一场轰轰烈烈的文字狱，史称"车盖亭诗案"。这场文字狱牵连范围之广，打击力度之大，堪称北宋开国第一案，遭到贬斥的新党成员被一贬再贬，再也无力回天。几年后，蔡确在岭南郁郁而终。

元祐元年（1086年）九月初一，司马光病逝，享年六十八岁，高太后继续对文彦博、吕公著、范纯仁、吕大防等旧党成员委以重任，继续废除新法。

苏轼一生都处在新旧党争的旋涡之中，却始终态度鲜明，只讲事实，不谈立场，总原则只有一条：凡是对老百姓有利的就要支持，凡是对老百姓不利的就要反对。说起来，元祐更化之前，司马光一直都是苏轼的"贵人"。司马光与苏洵同辈，程夫人去世后，司马光为之撰写墓志铭，苏家兄弟参加贤良方正考试，司马光是主考官，后来更是将他从"芝麻官"一路提携到三品大员，这样的恩情，叫一声"座师"也不过分，然而，就是这样一个人，竟然会在关键时刻掉链子，"使绊子"，司马光怎么也想不通。

司马光废除新法时，曾问苏轼意见，苏轼把自己在地方上执政时的所见所闻翔实以告，劝他"只可去其弊，不可变其法，则民悦而事易成"。司马光不听，在政事堂开会讨论罢免役法，苏轼又当众打了他的"脸"，说免役法已经施行了十余年，确实对国家有好处，百姓也习惯了，不能轻易废除。司马光听后大为不悦，神色愤然。

后来，司马光上疏再次请求废除免疫法，苏轼连上两书针锋相对，寸步不让。至此，两人的矛盾公开化，台谏众人也开始了与苏轼的正面交锋。

司马光离世后，毫无主见的吕公著任丞相，吕大防和刘挚明争暗斗，互不相让。刘挚起自御史台，手下有一批言官，号"殿上虎"，遇到不顺眼的人就指使言官们群起而攻之。苏轼与吕大防交好，加上他素来心直口快，嬉笑怒骂，终于埋下祸根。

第三十节

三党之争

司马光大刀阔斧地清除掉朝中新党众人之后，还没来得及安排好接替者就撒手人寰，导致当时的朝中分为三派势力，一派是以刘挚为首的朔党，一派是以程颐为首的洛党，还有一派是西南籍的官员及苏门学子组成的蜀党，其中，以苏轼名望最高，他也自然而然地成了"党魁"，当然，是被动的。

说起来，苏家兄弟和程家兄弟是有些交集的，苏家父子进京赶考那一年，程珦也带着自己的两个儿子——程颢、程颐同一年抵京，只是在那一年的科举中，苏家兄弟同时金榜题名，程家兄弟却只有程颢高中，程颐只好返回家乡，以"处士"的身份潜心研究孔孟之道，招收弟子，久而久之竟成了名士。后来，文彦博鉴于他"著书立言，名重天下，从游之徒，归门甚众"，为他专门建了一座"伊皋书院"，程家兄弟就在这里教书二十多年，弟子遍布朝野，创立了洛学，即影响后世数百年的理学。

熙宁至元丰年间（1068年至1085年），司马光、文彦博、范纯仁等重臣因反对新法被免,聚集在洛阳。他们仰慕白居易的"九老会",便组织起十一人(一说十三人)在一起饮酒作乐,诗词唱和,时人称"洛阳耆英会"。程颐、程颢兄弟当时已经是十分知名的道学家,被他们奉为座上宾。

哲宗即位后,司马光当政,程颐的地位也跟着水涨船高,做了皇帝的老师。朝为田舍郎,暮登天子堂,程颐以一介布衣的身份成为帝师,一夜之间名扬天下,慕名前来拜师的人络绎不绝。

其实,司马光让程颐给皇帝上课是有私心的。程颐是道学家,尊崇古礼,因循守旧,认为"祖宗之法不可变",在讲课时也经常这样教导哲宗,希望他能全面抛弃新法,把旧党的这个共识深入小皇帝的内心。可惜哲宗是个很有主见的孩子,程颐越是这样教,他就越叛逆,无奈之下,程颐只好辞职。

苏轼天生就是洒脱的性子,最讨厌拘泥古板的道学家,跟程颐可说是天生不和,苏轼曾多次表示:"素疾程颐之奸,未尝假以色词。"程颐也对人说,苏轼"早拾苏张之余绪,晚醉佛老之糟粕",是个不折不扣的轻薄文人。

司马光去世后,程颐受命主理葬礼,恰巧这天太后与皇帝带着文武百官举行祭天大典,这是大喜事。大典结束后,官员们赶紧换上衣服,马不停蹄地赶到司马光府上吊唁,这时,程颐却拦着不让大家进府,理由是孔子曾经说过,一天之内不能又哭又歌。("子于是日哭,则不歌。")

众人又问,怎么不见司马相公的儿子出来招待客人呢?程颐说,这也是古礼的规定,如果儿子真孝顺,这一天就应该悲伤得无法见人，所以不让他出来。

有人出言反驳，程颐据理力争，不让分毫。苏轼看不惯他这种教条主义的刻板样，当下再也忍不住，出言挖苦道："孔子说哭则不歌，又没说歌则不哭。"众人大笑，苏轼见这句话有效果，又补充道："此乃麂糟陂里叔孙通所制礼也。"惹得一众官员又哄堂大笑，众人一拥而入，程颐气得面红耳赤，哑口无言。

叔孙通是汉代儒生，刘邦称帝后，他曾结合古礼制定过一套礼法。"麂糟陂"是当时汴京城外的一处沼泽地，出了名的"脏乱差"。苏轼这句话的意思是，你程颐就是个麂糟陂出来的老学究，在这里装什么叔孙通，这无异于指着鼻子骂对方。

苏轼只把这件事当成笑话，他平时做惯了挖苦同僚的事，也自嘲是"麂糟陂里陶靖节（陶渊明）也"，丝毫不把这件事放在心上。可是，对于洛学弟子来说，苏轼在众目睽睽之下，当着文武百官的面羞辱老师，他们怎么可能罢休？

自此，苏轼先后得罪了朔党和洛党。

想要对付苏轼十分简单，他负责草拟诏书，又喜欢写文章诗词，"乌台诗案"的历史已经证明，只要潜心钻研，一定能再给他扣个"诽谤朝廷"的罪名。于是，弹劾苏轼的奏章越来越多，史称"蜀洛朔党争"。

苏轼主持学士院考试，出题《师仁祖之忠厚，法神考之励精》，文中有"今朝廷欲师仁祖（仁宗）之忠厚，而患百官有司不举其职，或至于偷。欲法神考（神宗）之励精，而恐监司，守令不职其意，流入于刻"的语句。言官们立刻群起而攻之，认为他这是诽谤先帝,言语不恭;苏轼在任命诏书中引用《诗经》中的"民亦劳止,汔可小休",意思是让老百姓休息一下,原文是讽刺周厉王的,言官们就说他把当今皇帝比作周厉王。如此种种,不胜枚举,就连与苏轼亲近的人也纷纷遭殃,陷入了"舆论战"。

一顶顶大帽子压下来,苏轼无数次上疏自证,不堪其扰。高太后爱惜苏轼的才华,把他当作未来的宰辅,对于这些无稽之谈充耳不闻,甚至直接表示:我看苏爱卿没有这样的意思,你们不要再捕风捉影了。

苏轼经历过身陷囹圄的绝望,知道照这样下去,无论如何也逃不脱牢狱之灾。自己回京短短几年的时间,既得罪了旧党,又得罪了新党,已经不容于朝廷,不如三十六计走为上计,早点离开这是非之地。

后世许多所谓的"成功学"作品常把苏轼的这段经历当作反面教材,说他不懂为人处世之道,不懂和光同尘,不懂人情世故。其实,苏轼这样玲珑剔透的人哪里是不懂,只是他有自己的原则,自己的坚持,这正是孟子所说的"虽千万人吾往矣"。这个道理人人都懂,只是能够做到的人实在寥寥,所以李白才发出"古来圣贤皆寂寞"的喟叹。

苏轼厌倦了在汴京这摊污泥里打滚,于是上疏把自己如何得罪司马光,如何不容于同僚,如何遭到群臣污蔑攻击的情状一一讲明,说自己"拙于谋身,锐于报国,致使台谏,例为怨仇",请求外任。奏疏递上之后,苏轼索性请了个病假直接躲在家里。

收到奏疏后,太后自然是不愿放人。她一直把苏轼当成未来的宰辅，怎么可能让他再次离开京城？于是，在一个多月的时间中，她一直派人到苏轼府中嘘寒问暖，送药送汤，让他赶紧回朝任事。

无奈之下，苏轼只得打起精神重新回朝，谁知这一次，他又"闯了祸"，他因告发边将克扣军饷，隐匿战报得罪了朝中权贵，再次遭到言官群起而攻。苏轼再次上疏请求外任，他说自己也想跟大家一样八面玲珑，明哲保身，让日子过得舒心一些。可是，自己心里怀着对太后和皇上的感激，无法这样做，只能直言不讳。正因为这样，他如今已经得罪了很多人。希望太后能够可怜自己老病残躯，放自己去地方上继续为国效力。

高太后眼看当时的形势再也容不下苏轼，只得批准。不久诏下，苏轼罢翰林学士兼侍读，除龙图阁学士，充浙西路兵马钤辖知杭州军州事。

苏轼这次离京，与熙宁四年（1071年）自请外任的情形如出一辙，同样是为了避开人事纷扰，同样是到杭州任职，这两次任职极富戏剧性。第一次外任是因为得罪了王安石，神宗虽然想要用他而不得。第二次离京时，苏轼已经得到了太后和皇帝的重用，离开的很大一部分原因竟是为了维护王安石的新法，抨击旧党。

临行前，苏轼专门拜谒了文彦博，文彦博再三告诫他，到杭州之后一定不要再乱写诗了，苏轼大笑道："我知道，很多人等着给我的诗作注哩。"

这一年，苏轼五十四岁。

第三十一节
二任杭州

离京之后，苏轼先到南都拜谒了张方平，接着顺流而下，在润州见到了"老冤家"沈括，就是那个写《梦溪笔谈》的，大名鼎鼎的沈括。之所以说沈括是苏轼的"老冤家"，全因两人之间的一桩公案。

沈括是王安石的得力干将。苏轼在杭州做通判时，他到浙江巡察新法的施行情况。与苏轼宴饮时，他在席间求了几篇诗文，回去之后就上奏给了神宗，说苏轼对新法意见很大，"词皆讪怼"。几年后，发生了"乌台诗案"，苏轼下狱。因此，后世的很多文学作品中都将沈括列为诗案元凶、陷害苏轼的"急先锋"，这次苏轼二赴杭州，沈括又赶来迎接，"轼益薄其为人"。

必须指出的是，这件事的出处及苏轼第二次见到沈括的反应，仅见于南宋人李焘在《续资治通鉴长编》中援引宋人王铚在《元祐补录》中的记录，李焘在原文中也明确说过："此事附注，当考详，恐年月先后差池不合。"苏轼自己也从没有提过。千年前到底发生了什么事，我们后人无从得知，但仅凭一条道听途说的消息，便将一位历史人物钉在"耻辱柱"上似有不妥。

告别沈括，苏轼前往金山寺看望老朋友佛印，两人又斗起嘴来。

佛印说："此间无座榻，不能奉陪居士。"

苏轼答："暂借和尚四大为座榻。"

佛印立刻来了兴致，对苏轼说："我有一句话，你要是接不上来，就要把腰间玉带留下。"苏轼欣然应诺。

佛印问："和尚我四大皆空，你又没的坐了。"佛家所谓四大指地、水、火、风，即构成世界的四种要素。四大皆空指在佛门弟子眼中，世间一切都是"梦幻泡影"。

苏轼哑口无言，这一场禅机辩论他输得心服口服，只得履约，交出腰带，佛印以袈裟回赠，两人相视大笑，一切尽在不言中。

元祐四年（1089年）七月，苏轼抵达杭州。宋代之后，中国的经济重心逐渐南移，杭州凭借着南接浙东，北邻浙西，北通淮泗，西接长江沿岸诸城的地理优势，占尽地利，遂有了"东南第一州"的美誉。

苏轼这次赴杭，本想着游山玩水，在临行前写诗《病后醉中》道：

病为兀兀安身物，酒作逢逢入脑声。

堪笑钱塘十万户，官家付与老书生。

然而天公不作美，苏轼到任之前，杭州冬春水涝，之后又遇大旱，土地干裂，禾苗不生，粮食紧缺又导致米价暴涨，百姓眼看着就要饿肚子了。

苏轼原本打算修葺破旧的官房，当下也顾不上了，他一面拿出钱财购买粮食赈济灾民，一面上疏朝廷，将杭州的情况据实以报，请求朝廷拨款赈灾，同时减轻本路赋税，免除积欠。经过多次请求，朝廷终于拨下贡米二十万石，宽减上贡米三成，并赐度牒三百道。度牒是朝廷下发的"出家许可证"。从南北朝开始，出家人便享有特权，可以免除地税、徭役等。这些优待导致佛徒人数暴涨，很多人不事生产，一心只想出家。北魏末年，佛徒人数一度达二百万，寺院达三万余所。唐代时，为限制僧人数量，出家之人必须经政府甄别或试经合格后才颁发度牒。后来为了扩充军费，出售度牒便成为一种财政手段，宋沿唐制，加上财政支出庞大，出售度牒已成为财政收入的重要来源。

这一年，在水旱灾害交叠之下，苏轼治下无一人饿死。转运使便上报朝廷，声称本年丰收，无须拨款。苏轼立刻上疏驳斥说："去年灾情十分严重，即使今秋丰收，也难以弥补亏空，何况现在才是春夏之交，谁敢保证一定能够丰收呢？"果然，这一年秋天，浙西地区再遭水灾，苏轼力保下的赈灾款起了大作用。

平稳度过饥荒之后，杭州又发生了大规模的瘟疫。苏轼深知，杭州是水陆交通的要道，得疫病而死的人比别处要多许多。于是立刻着手组建"医疗小分队"，制作药剂、稀饭，深入到街巷中为百姓免费治病，救活千余人。这方子正是从巢谷处软磨硬泡得来的"圣散子方"。

中医讲究标本兼治,苏轼治理地方的理念也如同"老中医"一样。杭州虽然是江南重镇,但看不起病的穷人也不在少数,苏轼便自掏腰包,拿出黄金五十两,又抽出公费二千缗,创办了中国最早的公立医院,取名安乐坊,专门收纳那些没钱治病的穷人。同时组织僧人为百姓义诊,成绩突出者上奏朝廷,赏赐紫色袈裟以资鼓励。

水旱频发,河道不通是主要原因之一。杭州中贯运河,船行市中,地方官为贪图方便,便引潮水入城,水中多泥沙,每三年就要疏浚一次,当地百姓不堪其苦。苏轼历任数州,早成了治水的专家,他实地考察之后,看出了问题的关键所在。原来,杭州附近的茅山河、盐桥河是连接大运河与钱塘江的关键航道,运河里的泥沙,正是这两条河带来的,想要从根源上解决问题,就要疏浚这两条河流。于是,苏轼立刻组织人手,花了半年时间,疏浚茅山、盐桥二河各十余里,水深达八尺以上,又在两河之间筑起堤闸,控制潮水,涨潮时关上闸门,可以阻挡泥沙,潮落时开闸放水,可以引清水入城。从此之后,潮水不入市,河道不淤泥,永绝后患。

苏轼第一次任职杭州时,曾修葺六井,但此时六井又堵上了。一位僧人告诉他,这六口井之所以出问题,是因为管材不好,只要用陶瓦做管,外面再建上一圈石槽,就能一劳永逸。这项工程费时费力,历任官员都嫌麻烦不愿做,苏轼却满心欢喜,立刻"照方抓药",重新修好六井,又进一步扩大供水范围,在离六井较远的北郊又打了两口井,从此"西湖井水,殆遍全城",彻底解决了百姓吃水的问题。

苏轼治水的第三件功绩,便是疏浚西湖。他第一次在杭州任职时曾观察过西湖的情况,当时"湖之葑合者,盖十二三耳",短短十几年的工夫,葑田已占西湖之半。当地父老都说,照这样下去,再过二十年,世间恐怕就再也没有西湖了。

西湖是杭州城百姓饮水的主要来源,也在农田水利方面发挥着重要作用,影响着一城的存亡。苏轼心里十分清楚,"则举城之人复饮咸苦,其势必自耗散"。于是,他立刻上疏朝廷,请求疏浚西湖。得到应允之后,苏轼招募役夫,组织起二十万民夫,终于把葑草打捞干净,并将打捞起来的淤泥杂草在湖中筑起长堤,这便是如今的苏堤。现在,长堤的南端建有苏东坡纪念馆。

苏轼筑堤是以工代赈,一举两得。百姓刚经历过饥荒,肚中饥饿,家中无粮,给苏大人打工,不仅解决了工作问题,还解决了一家老小的吃饭问题。加上苏轼做官没架子,经常和百姓打成一片,老百姓爱戴这位地方官,便敲锣打鼓地给他送来猪肉。苏轼在黄州时最爱的就是这一口,还专门写诗赞美过,当下便让厨子用自己独创的烹饪方法将猪肉烹调完毕,割成方块分给百姓,这就是后世"东坡肉"的来历。

堤成之后,苏轼心里十分舒畅,在堤上种植芙蓉、杨柳,又建了几座亭子,远望如画,成了杭州的一大景观,后来甚至发展为大集市。宋末《武林旧事》中记载,清明节前后,苏堤一带桃柳浓阴,红翠间错,游人如织,有表演马术的、飞钱的、抛球的，表演吞刀、吐火的，有买卖赶集的，热闹非凡。一心为百姓福祉着想的"父母官"，就是能福泽百年。

苏轼在杭州短短一年，办了好几件大事，鲜少有游山玩水的时间，好在身边的同僚都十分得力，相处融洽，至少心里不受折磨。

这年冬天，苏轼患上了寒病，终于有时间休息了，这时，好友送来一副拍板（一种演奏乐器），苏轼家里却没有歌伎，只好拿来唱《金刚经颂》。宋代达官显贵喜欢在家里蓄养歌伎，供私人娱乐，宴会时招待宾客，蔚然成风。家里歌伎的数量，往往能够看出官员的品级和地位，苏轼是个喜欢交游的人，又不吝惜笔墨，经常为歌伎作词，数量多达一百八十余首。

然而，在杭州任上时，以苏轼当时的名望和地位，府中竟然没有一个歌伎，也是咄咄怪事。想来经历过几年东坡农人的生活后，他对生活上的享受早就看淡了。百姓的安康才是苏轼最在意的。

苏轼二十年中两次上任杭州，一心为民，当地百姓对他十分爱戴，甚至到了"家有画像，饮食必祝"的程度，还为他建造了生祠。

元祐六年（1091年）二月，朝廷的诏命到达杭州，任命苏轼为吏部尚书，苏轼与杭州的缘分又尽了。

第三十二节

人生如逆旅

对于这项任命,苏轼当然老大不情愿。在地方上虽然累,但没有那么多钩心斗角,尔虞我诈,心里痛快,这是其一;其二,苏辙当时已经升任尚书右丞,位列宰执,兄弟俩本来就遭人嫉妒,如今同时执政,后果可想而知。

接到诏命后,苏轼诚惶诚恐,立刻上疏说,自己弟弟苏辙任尚书右丞,是自己的顶头上司,为了避嫌,自己不能奉诏。不久,朝廷诏书再次下达,苏轼改任翰林学士知制诰,回京报到。苏轼无奈,只得再次返回汴梁。

离开杭州之前,苏轼趁着春暖花开之时,把想要游览的地方都逛了个遍,作《临江仙·送钱穆父》:

一别都门三改火,天涯踏尽红尘。
依然一笑作春温,无波真古井,有节是秋筠。
惆怅孤帆连夜发,送行淡月微云。

> 尊前不用翠眉颦，人生如逆旅，我亦是行人。

逆旅是古人对旅店的称呼，苏轼的人生不正像逆旅一样吗？每到一处都无法停留，刚熟悉一地的草木，便又要匆匆背起行囊，踏上旅途。午夜梦回时，他是否经常想起，黄州的东坡是否荒芜，常州的橘树有没有结果，老翁山下，玉渊泉旁，自己手植的青松如今长成了什么样子？

苏轼离开京城的这一年多时间中，朝中局势已经发生了巨大变化。从政治斗争的角度来看，以苏轼为首的蜀党、以程颐为首的洛党，都显得不够"专业"，更像是聚集在首领身边的松散政治联盟，主要仇怨是首领之间的私人恩怨，斗起来丝毫没有章法，只停留在"互怼"的阶段。与之相反的是，以刘挚为代表的朔党则是职业官僚，受过"正规训练"，斗争目标明确，出手犀利，章法森严，通过控制台谏，以掌控政权为目标，广泛培植羽翼，吸纳容易动摇的其他派系成员，最终编织出了一张权力的网。

苏轼离京，标志着蜀党在这次党争中落败，而程颐不久也被免除了崇政殿说书一职，至此，朔党取得了最终胜利。

苏轼买舟沿水路北上，经吴淞，过苏州，一路看到的都是灾民的惨状，心里十分不忍，上疏朝廷请求赈灾，其间又写了几封奏疏请辞，太后照例不准。

五月，苏轼回到汴梁城，六月间开始正式"打卡上班"。不过，朔党对于他的回归十分不满，道理也很简单，苏轼是太后心中的宰相人选，只要他留在京城就是"原罪"。不出几天，这些台谏们果然对苏轼发起了攻势。

一开始，他们说苏轼谎报灾情。之后，这些人又故技重施，用苏轼几年前做的一首诗《归宜兴留题竹西寺三首·其三》做文章：

此生已觉都无事，今岁仍逢大有年。
山寺归来闻好语，野花啼鸟亦欣然。

这首诗作于五月间，当时苏轼正准备在常州养老，心情大好，坏就坏在神宗在三月间刚刚驾崩。台谏们便弹劾他大逆不道，皇上驾崩了，苏轼说这是"大有年""闻好语"，明目张胆地对先皇不敬。苏辙代哥哥奏辩，说苏轼当时听说哲宗登基，心中大喜，身边又没有个能说话的人，就写了这首诗表达心中的喜悦，这件案子才算翻篇。

没过几天，这些台谏们又想到了新说辞，以各种难以理解的理由弹劾苏轼，太后眼看朝臣容不下他，只得答应了他外放的请求，让苏轼以龙图阁学士出任颍州知州。

颍州位于今天的安徽省西北部，地处淮河以北，淮河、颍河、泉河纵横交错，有"三清贯颍"之称。和杭州一样，颍州也有个西湖，周朝时，胡子国的国王妫髡便在这里建过御花园，至汉唐几代，西湖边又多了许多建筑，已成为名胜之地。

说起来，颍州和苏轼有不少羁绊。皇祐四年（1052年），范仲淹奉命从青州改任颖州知州，他当时疾病缠身，在途中便溘然长逝，因颖州知州是他最后的官职，他也被称为范颖州。

苏轼幼年在私塾读书时，便在《庆历圣德诗》中听过范仲淹的名字，当时的他虽然还是个懵懂孩童，但在心中早已种下了一颗种子，"时虽未尽了，则已私识之矣"。嘉祐二年（1057年），苏轼金榜题名，在京师见到范仲淹的墓碑，不禁泪流满面，想到自己崇拜了十五年的偶像竟然没能见上一面，心里更加酸楚，"恨子不识范文正公"。这次到颖州任职，从某种意义上来说，也算圆了一桩心愿。更加可喜的是，苏轼的恩师欧阳修也曾住在这里，如今虽然恩师已逝，但其后人还在颖州。

第三十三节
颍州时光

元祐六年（1091年）八月，苏轼到达颍州，对于这次任命，他心里很是满意，看着西湖边晏殊修的清颍亭，欧阳修建的六一堂，更加欢喜，在谢表中说皇上选了个好地方，把自己"置之安地"，"更少勉于桑榆，誓不忘于畎亩"。

颍州地小事少，风景优美，是个养老的好地方。一到颍州，苏轼便跑到了西湖边，驾一叶扁舟，邀三两好友，泛舟湖上，微风拂面，水波荡漾，说不出的惬意。八月正是荷花盛开的时节，中国古代的文人向来喜欢托物言志，没有不喜欢荷花的，苏轼当然也不例外。看着湖中的美景，他福至心灵，作了一首《浣溪沙·荷花》：

四面垂杨十里荷。

问云何处最花多。

画楼南畔夕阳和。

天气乍凉人寂寞，光阴须得酒消磨。

且来花里听笙歌。

这首词以十分直白的方式展开，以景入情，能看出苏轼当时的心情十分畅快，虽然有些寂寞，但总算是过上了闲适的生活。

颍州政务虽然清闲，但苏轼是个闲不住的人，每到一地，总要为百姓办些实事。当时，开封所属各县经常发生水灾，官吏们不知道追本溯源，掘开当地的陂池湖沼，将水引入惠民河中，导致下游的陈州洪水泛滥。后来，朝廷又想凿开邓艾沟与颍河并流，凿开黄堆让水流入淮河。这样一来，与开封相距千里的颍州就陷入了危险。

苏轼到任后，就派差吏测量过，发现淮河水位上涨近一丈，如果凿开黄堆，淮河水反而会流向颍州成为灾害。苏轼当即向朝廷上疏力劝，这项工程才终于作罢，一场危机化解于无形。

当时，颍州当地有一批盗匪横行多年，烧杀抢掠，无恶不作，就连前去捕盗的官兵也惨遭毒手。官府的人遍寻盗匪不见，受害者又害怕报复不敢说，苏轼便找来县尉李直方，说："你要是能抓到这些人，就据实对我说，我自然会为你请求重赏。要是抓不到，我也不会怪罪于你。"李直方被苏轼的真诚打动，告别家中老母亲后，孤身一人前去查探，最终找到了盗匪的"窝点"，将这帮横行乡里的强盗一网打尽。

苏轼上疏为李直方请功，朝廷认为，李直方官职过小，不符合奖励条件，苏轼奏请降低自己的工资和官阶，送给李直方当奖励。

在颍州，苏轼见到了很多故人，其中便有陈师道。陈师道，字履常，一字无己，号后山居士，徐州人，出身仕宦家族，少年时家道中落，生活十分困苦。十六岁时，陈师道带着自己的文章拜见曾巩，曾巩大为欣赏，便收他在门下做了弟子。

后来，王安石变法，以经义取士，陈师道十分不以为然，便不去应试。后来，执政章惇听说陈师道是个难得的人才，托秦观带话，让陈师道来拜见他，准备加以举荐，这样的机会是多少人梦寐以求的，不想陈师道依然推辞不去。

陈师道的清高固然难能可贵，但常年没有收入，连基本家庭开支都无法承担，是真正的一贫如洗，家徒四壁，家人跟着他时常要饿肚子，无奈之下，妻子只好带着三个孩子去娘家"蹭饭"。陈师道的诗作中，常有表达骨肉分离之痛的句子。如《寄外舅郭大夫》中说："巴蜀通归使，妻孥且旧居。深知报消息，不忍问何如。身健何妨远，情亲未肯疏。功名欺老病，泪尽数行书。"

外舅就是岳父，这首诗大意是问自己女儿过得怎么样，又说骨肉血亲，不会因为长期分别而有所疏远，可怜自己老病缠身，还是没能取得一官半职。

直到苏轼在京城任职时，才推荐他做了徐州教授，后来又升任太学博士，陈师道的生活才好过了一点。可是，没过多久，言官们又弹劾他在徐州任教授时，经常"旷工"去找苏轼饮酒作乐，陈师道便又被免除了官职。说起来，这些人其实是为了对付苏轼。

多年来，陈师道一直以师礼待苏轼，但一直没有正式拜师，苏轼欣赏他的才学和人品，便想将他收入门下。没想到，陈师道却毫不犹豫地拒绝了，理由是"向来一瓣香，敬为曾南丰"，意思是自己已经拜曾巩为师，不能再拜其他人了。苏轼丝毫不以为意，仍然对他加以教导。

后来，苏轼被列为"元祐党人"，一贬再贬，陈师道也被殃及，遭到罢免，日子更加拮据。一天夜里，他到郊外守灵，天寒地冻，妻子便到胞妹家借了一件皮衣。陈妻的胞妹，嫁与赵挺之，此人正是苏轼的死敌。陈师道得知后倍感屈辱，大发雷霆："汝岂不知我不著渠家衣耶！"又几年，陈师道在郊外参加祭祀，因没有棉衣御寒，染寒病致死，时年四十九岁。陈师道死后，家里连买棺材的钱都没有，朝廷特赐绢二百匹才得以下葬。《宋史》专门为他列传，这是后话。

除了陈师道之外，苏轼在颍州还有很多好友，其中便有欧阳修的两个儿子。欧阳修有四个儿子，长子欧阳发、次子欧阳奕、三子欧阳棐、四子欧阳辩，当时只有三子和四子留在颍州守丧。不过，这两个晚辈在苏轼面前有些拘束，放不开手脚，令他十分郁闷。

两个"欧阳"虽然是"闷葫芦"，王夫人却不知什么时候"开了窍"。正月十五夜里，苏轼与夫人坐在堂前，只见月色如水，梅花怒放，王夫人忽然说："春月色胜如秋月色，秋月色令人凄惨，春月色令人和悦。何如召赵德麟辈来饮此花下？"苏轼听后大喜道："吾不知子能诗耶，此真诗家语耳！"于是呼朋唤友,宾主尽欢。

苏轼作《减字木兰花·春月》:

春庭月午。

摇荡香醪光欲舞。

步转回廊。

半落梅花婉娩香。

轻烟薄雾。

总是少年行乐处。

不似秋光。

只与离人照断肠。

用的正是王夫人的语意。

第四章

此生归路转茫然,
无数青山水拍天

第三十四节

扬州好风光，仇池梦难圆

元祐七年（1092年）二月，就在苏轼上任颍州不过半年，仍沉浸在颍州西湖的碧波中时，朝廷再次下发诏命，苏轼知扬州军州事。

扬州"兴于汉，盛于唐"，自京杭大运河开通以来，这里就成了中国东部的水上交通枢纽、漕运集散中心，到宋代更是成为重镇，赓续十朝遗韵，后启六代风华。韩琦、欧阳修等重臣都曾在扬州任职，韩琦留下过"二十四桥千步柳，春风十里上珠帘"的诗句，欧阳修还专门修了一座无双亭，写诗道："曾向无双亭下醉，自知不负广陵春。"更为重要的是，苏门四学士之一的晁补之当时正在扬州任通判。前人遗迹、十里春风、知己好友，这些都是苏轼无比向往的。

辞别颍州，苏轼一家乘着春风，于烟花三月奔赴扬州，这条路线，苏轼再熟悉不过了。三十多年前，他与弟弟扶柩归蜀，扬州虽然是神往之地，无奈重孝在身，只能擦肩而过。后来，他离开汴京赴杭州任通判,再次经过扬州,仍然是个官场的失意人。再到后来,他陆续调任密州、湖州、徐州,到"乌台诗案"案发后被贬黄州,再到这次从颖州到扬州,屈指一算,已经过往扬州多次了。

清晨,苏轼站在船头,看着天边没在云层中的晓月,听着城中传来凄厉鸣咽的军号,微风吹动水面,将一圈圈涟漪推向迷雾。他想起这半生的宦海沉浮,心中百感交集,不禁感慨"此生定向江湖老,默数淮中十往来"。

苏轼平生最重视三件事,一是创作,二是民生,三是朋友。航船顺着淮水一路向西,经过豪州、寿州、楚州、泗州,这些都是当时重要的粮食产区。看到"麻麦如云"的景象,苏轼心里十分欢喜。然而,这些都只是表象,当他屏去身边的吏卒,亲自到村落查访时才发现,即使是丰年,百姓也苦不堪言。一位老农告诉他:"丰年还不如凶年。"苏轼不解,问其中的缘故。老农说:"凶年虽然歉收,但百姓们缩衣节食,还不至于饿死。然而,一到丰年,官府催收积欠的胥吏如同豺狼,在他们的逼迫下,百姓真是求生不得,求死不能,只能抛家舍业,扶老携幼四处逃亡,十分凄惨。"说话间,老农数度哽咽,苏轼也跟着泪流不止。

这些年,淮河东西各郡旱涝频发,少则几年,多则十几年的都有,百姓们缴不起赋税,欠了朝廷不少粮食,这便是所谓的"积欠"。如今才到三月,稻米还没到收割的季节,官吏们就迫不及待地向百姓们催收积欠了。平民百姓一年就靠田里那点收成活命,算一算还不够缴税的,只好携儿带女远走他乡。这不正是唐人聂夷中所说的"六月禾未秀,官家已修仓"?

老人怎么也想不到,眼前这位文质彬彬,跟着他一起痛哭的读书人,居然是自己的救星。

三月十六日,苏轼抵达扬州,一路所看到的民不聊生的场景使他寝食难安,于是,苏轼便在谢表中把自己所见的景象一五一十地上报朝廷,说自己"所至城邑,多有流民",《礼记》中说的"苛政猛于虎"现在算是真正见到了,"水旱杀人,百倍于虎;而人畏催欠,乃甚于水旱"。最后,他还算了一笔账:"每州催欠吏卒,不下五百人。以天下言之,是常有二十余万虎狼散在民间,百姓何由安生?朝廷仁政何由得成乎?"

苏轼的奏表很快就有了回应:淮南东、西、两浙路的诸多路,不问新旧,停止催收一年。百姓们有了生机,苏轼心中的大石头总算放下了,作诗道"诏书宽积欠,父老颜色好"。

扬州不仅有三十六陂春水,二十四桥明月,更有名扬天下的芍药。宋代时,扬州芍药与洛阳牡丹分属南北魁首,争奇斗艳,各领风骚。

相比唐人喜欢大漠孤烟与长河落日的壮丽景象,宋人更喜欢庭院深深、飞红落英的"小资情调"。宋人尤其爱花,胜过以往和之后的任何朝代。宋人不仅要养花、买花、插花、赏花,还要在鬓角簪花,即使男子也要如此,蔚然成风。欧阳修便是一位资深"簪花"爱好者,曾作有"争夸朱颜事年少,肯慰白发将花插"的诗句。

每年三月,扬州都要举办盛大的万花会,比起洛阳的牡丹会毫不逊色。万花会上，当地的官员都要挑选十数万支上好的芍药，装饰建筑和街道。每到此时，豪绅们便呼朋唤友，游玩赏乐，好不快活。

苏轼是个爱花的人，但比起芍药，他更爱百姓。为了筹办万花会所需的芍药，各大园林被挖得一片狼藉，不少都成了废园，地方官在筹备过程中，胡乱摊派，搞得乌烟瘴气，民怨沸腾。为了给豪绅富贾找乐子，却要陷百姓于水火，这样的"盛会"不办也罢。于是，苏轼当即叫停了当年的万花会，并决定之后永不举办。不仅如此，他还写了篇《以乐害民》的文章，把洛阳的牡丹会也"吐槽"了一番，说这是"以一笑乐为穷民之害"，希望能有人像自己一样，也叫停洛阳的牡丹会。

在不少雅士眼中，苏轼的行为无疑是"大煞风景"，不过，苏轼可不在乎这些。要赏花，要观景，扬州有的是。在扬州时，他一有闲暇就会叫上晁补之等人，到"广陵花下"大醉一场，再美美地做个好梦，诗酒做伴，快意人生，这才是他向往的生活。

在苏轼的作品里，"仇池"是最为人津津乐道的意象。这个池子据说在关陇之南的险峰顶上，水草丰美，四面都是悬崖绝壁。想要到达仇池，需要沿着山间小路，绕过三十六座回峰。一夜，苏轼梦到有人请他到一处府邸居住，那里山川秀丽，风景绝美，人人安居乐业，简直就是陶渊明所说的桃花源。抬头看时，只见堂上挂着"仇池"的匾额，这才知道原来这里就是传说中的避世之地。梦醒之后，苏轼怅然若失，不觉吟诵杜甫的"万古仇池穴，潜通小有天"两句诗。

177

到扬州后,苏轼得了两块奇石,其中一块是绿色,上面岗峦迤逦,还有个洞穴,他霎时想起自己那场梦,便为此石取名"仇池石",并作了一首诗,结尾有"一点空明是何处,老人真欲住仇池"两句。苏轼在这块奇石上寄托了自己想要告别官场的梦想。

日有所想,夜有所梦,苏轼向往归园田居,经常会梦到仇池,梦到陶渊明。后来再遭贬时,苏轼仍然带着这块仇池石。后世,人们便用"仇池梦"来代指归隐。

在扬州时,苏轼开始动笔写"和陶诗",后来到惠州、儋州也写了不少,"和陶诗"系列苏轼总计写了一百余首。可惜的是,直到最后,苏轼都没有过上陶渊明那样的生活,扬州风光再好,终究抵不上仇池一梦。

第三十五节

哲宗亲政

元祐七年（1092年）四月，十七岁的哲宗册封皇后，这意味着他终于可以亲政了，照例，朝廷要举办隆重的郊祀大典。

大典需要一个老成持重的大臣主持，高太后第一时间便想到了苏轼。八月间，刚到扬州半年的苏轼接到圣旨，让他以兵部尚书兼差充南郊卤簿使的身份回京。接到圣旨的时候，苏轼的心中除了不愿意还是不愿意。为了躲避朝中的权力纷争，他好不容易"逃"到扬州，这才几个月的工夫，又要被迫"回炉"，被架到火上烤了。

说到亲政的哲宗，苏轼并不陌生。他曾教过小皇帝几年，当时的哲宗还是个沉默寡言，只会点头的小孩。可是，苏轼心里知道，哲宗绝没有表面看上去那么顺从，他是个少年老成、忍辱负重的"小大人"。

一次，高太后要换掉哲宗用的一个旧书桌，但哲宗怎么也不肯，高太后问他原因，哲宗说："这是我爹爹用过的，谁也不能换。"高太后心中一凛，这么多年让哲宗远离新政的苦心怕是没起到应有的作用，真是怕什么来什么。

高太后教育小皇帝，重点是让他"恪守祖宗法度"，所以给他找的老师都是像吕公著、范纯仁、范祖禹、程颐这样的守旧派"骨干"与道学家。

不仅如此，高太后在生活上对哲宗的管教也更加严格。为了防止他沉溺女色，高太后专门挑选了二十个年长的宫女来照顾他的衣食起居，晚上睡觉时，也要命哲宗睡在自己榻前的阁楼中。据哲宗后来回忆，这些宫女个个眼睛红肿，面色惨白，自己十分害怕。可是，这样一个连宫女都"害怕"的人，面对辽国使者时却说："既是人，怕他做甚？"这绝不是一个懦弱、胆怯的少年能说出的话。

让哲宗难以接受的是，高太后对他生母朱德妃的态度。朱德妃出身贫寒，父亲早亡，母亲改嫁后不被继父所喜，只能寄养在亲戚家，后来，她入宫当了侍女，诞下皇子后才一步步升为妃子。神宗去世后，朱德妃按理应该尊为皇太后，可是，高太后想要借压制皇帝生母来显示自己的权威，一直不肯答应。

这一桩桩、一件件旧事积压下来，都化成哲宗心中对太皇太后和元祐旧臣巨大的不满。高太后临朝听政时，大臣们只向她汇报国家大事，从不征求哲宗的意见，哲宗甚至只能看到大臣们的背部和臀部。有一次，高太后问哲宗为什么从不表达意见，哲宗说："祖母已经做了处分，还问我做什么？"

在这对祖孙关系中，高太后是一个事无巨细，什么都要过问，什么都要管的传统封建家长，带给哲宗的只有窒息。哲宗呢？他"恨屋及乌"，把太后和一众守旧派大臣全都恨上了。一个有能力、有胆识、有魄力的天子，又积压了一肚子怨气，之后会发生什么似乎已经不言而喻了。

天子之怒，伏尸百万，流血千里，即使在承平盛世，哲宗的愤怒也绝不是一介文官所能承受的。苏轼不敢想，这样的皇帝将会在朝堂掀起什么样的腥风血雨，为今之计，只有走为上策。

九月，苏轼抵达京师汴梁，到苏辙家时，天色已晚。苏辙当时已经做了副宰相，住在东府官邸，得到下人禀报之后，他来不及换上便服，便急匆匆赶到门口与哥哥相见。兄弟俩紧握着手互诉思念之情，眼里闪着泪光，都有一肚子说不完的话，却都不知从何说起。转眼间，当年鲜衣怒马的少年，都已两鬓斑白，当年对功名利禄的热望也早已换成了对归隐田园的渴望，但这种渴望终究只能化作"归老江湖无岁月，未填沟壑犹朝请"的一声感叹。

苏辙本想留哥哥在家里多住几天，无奈他如今已经贵为宰相，苏轼又是外官，常住下去于体制不合，只得作罢，好在两兄弟都在京城，又同朝为官，多的是见面的机会。

郊祀大典事关重大，流程细节众多，朝中官员们为此吵得不可开交，苏轼却乐得清闲，对于这样的争论只有一个原则：不同意，不反对，不负责，总之就是不参与。他回来之前已经打定了主意，等典礼结束，他马上就向太后请命，离开这个是非之地。回京的路上，他请求外放的奏折就没断过，无奈全被驳回。

转眼两个月过去，苏轼总算等来了举行大典的日子。当天，哲宗在景灵宫祭祀完毕，苏轼作为卤簿使，带着队伍浩浩荡荡地向城南进发。队伍走到一半时，迎面突然闯过来十多辆带着红盖的朱红车子，与皇帝的仪仗队狭路相逢，竟然不肯相让。

苏轼赶紧派人上前问话，才知道对方是皇后娘娘、皇帝乳母与长公主。这场小风波结束之后，大典按照流程照常举行，苏轼小心翼翼，一丝不苟地完成各项工作，直到第二天，皇帝大驾才回到京城。

按照惯例，大典之后往往要推恩、赦免，苏轼迫不及待地上疏，请求知岳州，然而，太后非但不同意，还给他升了官，加端明殿学士、任礼部尚书兼侍读。为了让他死心塌地地留在京师，朝廷还同时下达了另一个任命，让襄州知州杨汲知岳州。苏轼无奈，只得留下。

第三十六节
上任定州

苏轼一生被口舌所累，屡次遭贬，对他来说，生活就像一个挥舞着大棒的行刑官，每次一棒打下来，总要问他服不服？怕不怕？以后还敢不敢？苏轼被打得遍体鳞伤，但始终坚持自己的原则，不肯向这个行刑官屈服。这不，他又开始向皇帝上疏提意见了。

第一次提意见，是在大典车队遭到皇后车驾冲撞时，苏轼当天便提出意见，要求约束后宫众人。哲宗看了奏疏后，马上交给太后，第二天就有了结果。大典结束返程时，后宫没一个人敢出来。

第二次提意见，是要改皇帝的"教材"。当时，哲宗学的都是些说烦了、听腻了的治国方针，为君之道，没有实际意义。在给皇帝讲学和日常交谈中，苏轼感觉到了这位皇帝心里的怨气，于是有针对性地编了本新教材，把重点放在用人、君臣相处和实际的行政方法上。为了减少哲宗心里的愤恨，他多次讲起宰相陆贽与唐德宗的往事。陆贽是唐代名相，以直言敢谏、刚正不阿闻名，唐德宗对他也十分恩宠。苏轼对这位宰相十分推崇，称他是"王佐""帝师"，认为他的文辩智术超过张良。然而，就是这样一位大才，最终也免不了遭诬陷罢官的命运。从这一点看，陆贽和苏轼很像。苏轼的意思很清楚，他是想让哲宗明白，大臣们直言进谏，是想让国家富强，百姓安康，希望哲宗能够虚心纳谏，不要意气用事。后来的事实证明，苏轼的苦心没有起到作用。

第三次提意见，是在元祐八年（1093年）的元月，当时，高丽国遣使前来朝贡，想要若干书籍，这事归礼部管。苏轼认为，高丽人名义上是朝贡，实际是给辽国充当间谍，要书的目的，其实只是想要了解本国情况而已，坚决不给。不过，这个意见最终由于各种原因，也没有被采纳。

就在苏轼兢兢业业、一心扑在工作上时，生活再次向他挥起了大棒。

三四月间，朝中有言官弹劾苏辙，认为他任人唯亲，任用了大量川人，苏轼作为蜀党"党魁"，这把火自然也烧到了他头上。不久，言官黄庆基连上三道奏折弹劾苏家兄弟。这些事高太后见惯了，她将黄庆基罢斥为转运判官。这么多年，高太后始终记着：苏家兄弟是宰相之才。她要把这两个大才保住，为宋家天下服务。

五月间，言官们一计不成，马上用起了卑劣的老手段，开始在苏轼的诗词文章中找毛病，说他诋毁先帝，还说他在宜兴买田时强买强卖，在颍州时公款私用，各种"莫须有"的罪名都被高太后给压了下去，这场针对苏家兄弟的围攻才算告一段落。再次遭到诽谤，苏轼不堪其扰，坚决要求外任，太后只是不许。

元祐八年，王夫人的身体日渐衰弱，终于熬不住，撇下苏轼走了，享年四十六岁。苏轼握着夫人长满老茧、被生活磨砺得粗糙无比的手，痛哭不止。

王夫人是个只会默默付出的人。论才情，她比不上姐姐王弗，论伶俐，她比不上朝云，然而，自从嫁到苏家，她便一心为这个家庭付出，照顾儿子，服侍丈夫，日子过得再苦，她也从没有一句怨言。从密州到黄州，她陪着丈夫走过了人生中最艰难的时期，采桑种麻，织布缝衣，甘之如饴。苏辙在给王夫人写的祭文中，说她"贫富戚忻，观者尽惊。嫂居其间，不改色声"。

二十五年的时光，王夫人早已成了苏轼心里的依仗，大事小情都要和她商量，然而，这份依赖从今往后也没有了，苏轼又少了个至亲之人。

福无双至，祸不单行。王夫人去世仅仅一个月，九月初三，苏轼在朝中的依仗——高太后也崩于寿康殿。哲宗终于得以亲政，手握生杀大权，他心中的怨气也在这一刻达到顶点，这些年积攒的怨恨，他要和元祐旧臣们一一清算。于是，一场新的、凶猛无比的风暴，在宋帝国的政治中心酝酿、发酵、扩散，并迅速席卷朝野，苏家兄弟首当其冲，无论如何也躲不过去了。

对于朝中即将出现的变故，在官场摸爬滚打了几十年的苏轼自然知道。不过，他此时已获准成为定州知州，满心欢喜，自以为能够逃过一劫。

离开京城之前，苏轼遣散了家里的仆从，其中有个叫高俅的书童，文字功底十分了得，苏轼觉得可惜，便把他送给了朋友曾布，曾布又将其转送给驸马王诜。王诜与端王赵佶关系要好，一天，赵佶与王诜同坐，发现自己忘了带修理鬓角的篦刀子，于是向王诜借。王诜是个风雅人物，就连篦刀子也十分别致，赵佶十分喜欢，就夸了两句，王诜当即表示，自己新做了两副，过几天送到府上去。当天傍晚，王诜就派高俅前去送篦刀子，正好碰上赵佶在蹴鞠，之后的故事大家应该都耳熟能详了，在此不再赘述。苏轼去世后，高俅发迹，他感念苏轼当年的恩情，"每其子弟入都，则给养问恤甚勤"。这件事见于南宋人王明清的《挥尘后录》，曾布正是王明清的外曾祖父。

转眼又过了十几天，直到九月二十六日，苏轼才整冠束带，入宫向哲宗辞行。然而，回报的太监却告诉他，哲宗让他直接上任，不必面圣了。苏轼大惑不解，边官临行前向皇帝辞行是成例，苏轼此次前往的定州，正处在辽宋边界，哲宗避而不见于礼不合，这是其一；其二，宋人最讲究尊师重道，即使皇帝也不能例外，苏轼除了是边官外，还有一层老师的身份，哲宗不见，于情也不许。

苏轼追问原因，那宦官只说"本任阙官，迎接人众"，这是皇帝的原话，意思是你赶紧去上任吧，那边人都等着你呢。苏轼心中十分不忿，写了份奏疏质问哲宗："祖宗之法，边帅当上殿面辞，而陛下独以'本任阙官，迎接人众'为词，降旨拒绝不令上殿，此何义也？"质问之后，苏轼没有停下，继续说："臣不得上殿，于臣之私，别无利害，而于听政之始，天下属目之际，所损圣德不小。"意思是我身为你的老师，想见你一面都难，何况是其他人呢？最后，他又劝哲宗不要随意改变现有的法令，以免天下大乱。

苏轼没有见到皇帝，只好带着满腹的牢骚与不满前往定州。他怎么也想不到，自己前脚刚走，哲宗后脚便将变法派大将章惇召回朝中，皇帝想要做什么，已经不言而喻。

第三十七节

定州岁月

定州地处宋辽边界，管辖七县一寨，是北宋边防重镇。苏轼此次除了担任知州外，还兼任河北西路安抚使，负责两州三军的防务，属于统兵的"大帅"。说起来，兵家也算是苏家的家学。

当时，北宋对外战争连年失利，文人中出现了一股谈兵、论兵的风尚，苏家老太爷当年是扛过刀，打过仗的，到苏洵这一辈，又整天梦想着仗剑走天涯，对兵法也十分痴迷，还专门写过十分有名的《权书》十篇，"《权书》，兵书也，而所以用仁济义之术也。"欧阳修看过之后还给予了很高的评价："博于古而宜于今，实有用之言，非特能文之士也。"

受父辈的影响，苏轼不仅潜心研究兵书，还多次上疏皇帝献计献策。在《孙武论》中，苏轼还对《孙子兵法》进行了批评。总之，对于当前的这份工作，苏轼有十足的信心能够胜任。

元祐八年（1093年）十月，苏轼到达定州后立刻开始勘察地形，查看防务，发现这里地势险峻，易守难攻，有边防重镇的样子，作《雪浪石》：

> 太行西来万马屯，势与岱岳争雄尊。
> 飞狐上党天下脊，半掩落日先黄昏。
> 削成山东二百郡，气压代北三家村。
> 千峰右卷矗牙帐，崩崖凿断开土门。

可是，即便再险要的地形，没有士兵防守，也是中看不中用。当时，定州军政废弛，军饷过低，军营破败不堪。苏轼看后十分感慨，写下"竭来城下作飞石，一炮惊落天骄魂。承平百年烽燧冷，此物僵卧枯榆根"的诗句。

边防重镇，又怎么会承平百年呢？说起来，这与澶渊之盟有关。宋真宗景德元年（1004年），辽国萧太后与小皇帝耶律隆绪率领数十万大军挥师南下，一路过关斩将，势如破竹，直逼宋都开封。朝中大臣们被吓破了胆，极力主张南逃，真宗也想逃，宰相寇准力劝他御驾亲征，到前线督战，宋辽两军对阵澶州城下，辽国大将萧挞凛被射杀，粮草不济，只好求和。宋真宗大笔一挥，签订城下之盟：辽宋约为兄弟之国，宋每年送给辽岁币银10万两、绢20万匹，宋辽以白沟河为边界，永不互犯。这场战争，宋"不败而败"，辽"不胜而胜"，十分屈辱，真宗却非常高兴，能用"这么点"钱买来太平，天下哪里找这么好的事？于是，靠着白花花的银子，宋辽两国维持了长达百年的和平。苏轼到达定州上任时，澶渊之盟已经签订了近九十年，军政废弛其实也是意料之中的事。

不过,苏轼是个认死理的人,当兵就得有个当兵的样子,边防重镇就得有时刻准备应战的气势。

这天,苏轼起了个大早,前往兵营视察,人还没到,兵营里的喧哗声便传了出来。大笑声、吵架声、叫好声、铜钱碰撞声、骰子落地声不绝于耳,苏轼大怒,冲进军营一看,眼中所见的士兵,赌博的、酗酒的、打架的、睡觉的应有尽有,哪里还有一点当兵的样子,这样的士兵哪里有战斗力可言?

对于军备的废弛,苏轼痛心疾首,当即下令整饬军纪,惩戒违法乱纪的士兵。苏轼日日操练,同时向朝廷请求拨款,用于修葺营房,短短几十天,边军气象便焕然一新。

然而,这些士兵平时懒散惯了,练几下就腰酸腿疼,叫苦不迭,苏轼又将目光转向民间,准备组建民兵团队。边疆地区与中原不同,民风彪悍。苏轼便组织当地年轻人"带弓而锄,佩剑而樵",组建了"弓箭社",这事他在密州也做过,可谓轻车熟路,十分顺手。民兵们一边生产一边训练备战,遇有战事,击鼓相召,顷刻间就能组织起上千人的队伍。

整顿军备的同时,苏轼也没有忘记关心百姓生活。边疆苦寒,尤其是定州这个地方,近几年旱涝频发,百姓生活困苦。苏轼当即上疏朝廷,请求"粮米减价""开仓贷米",同时下令严禁各级官府征收苛捐杂税,违者严惩。

为了让治下的百姓富起来,苏轼一有空就四处走访。一天,他来到定州城北的苏泉、西坡、大西丈村一带,看到这里地势低洼,沼泽连成一片,丛生的杂草掩盖着肥沃的泥土,与家乡眉山很像，当即决定把家乡眉山的水稻移植过来。为此，他责成专人到南方运来稻种，亲自向农民传授水稻的栽培和管理技术，使昔日的荒野沼泽中长出了连片的禾苗，养活了无数百姓。

后来，苏轼再次路过，听到百姓在插秧时欢快的歌声，苏轼将词曲记录下来，稍加整理，定名为"插秧歌"，从此在民间流传开来，后来又发展出伴奏、人物、故事等形式，就有了现在的定州秧歌，也称"苏秧歌"。据说"水上白鹤惊飞鹭，稻禾千里尽秧歌"两句便是苏轼所作。

定州山水奇绝，闲暇之余，苏轼喜欢乘船横渡衡水、漳水，在夜间乘车或徒步跋涉，将一腔思归的心绪寄托在山水间。这一夜华灯初上，苏轼点燃松枝走在林间，一阵风吹过，火星散落一地，松烟发出阵阵浓香，沁人心脾。苏轼突然一愣，这长了千百年的松树，被人用刀斧砍下，只照亮了方寸的道路，便这样轻飘飘化为灰烬，与一棵蒿草何异？松木不该被这样对待。于是，他一有空闲就采下松枝，同黍米、麦子一起制成佳酿中山松醪，为的就是把这百年的老松从焚烧的命运中拯救出来。为这件事，苏轼还专门写了一篇《中山松醪赋》。

喝下中山松醪，他想象自己骑上超山赶海的奔鹿、拉住绝壁上的飞猴，唤出魏晋时期的才子嵇康、阮籍，与八仙在云间大醉一场，到酒坊中大吃一通酒糟。然而，这一切毕竟只是苏轼的幻想，他有拯救万物于水火的菩萨心肠，却没有人能带他逃离这世间的疾苦。

第三十八节
三改谪命

绍圣元年（1094年），哲宗全面继承神宗的新法，起用新党成员，追谥王安石"文"，配享太庙；削除司马光的赠谥，毁坏所赐碑；斥责高太后"老奸擅国"，并欲追废其太后称号。不过，指斥高太后是"老奸"，实在有失公允。高太后小字滔滔，是英宗的皇后，神宗之母，她垂帘听政期间，励精图治，勤政爱民，国家经济繁荣，政治清明，她也因此被后世誉为"女中尧舜"，这样一个人被指责为"老奸"，足见哲宗心中的怨气之深，而这些怨气，最终都化作了射向旧党众人的利箭。新旧党争，在哲宗的推动下又一次达到高潮，苏轼、苏辙作为旧党的代表人物，自然首当其冲。

不久，在熙宁变法中表现突出的章惇被任命为宰相，保甲法、免役法、青苗法等新法全面恢复。章惇原本是苏轼的好友，两人同年金榜题名，苏轼任凤翔府判官时，章惇时任商洛县县令，两地相隔不远，两个年轻人又都才华横溢，得空就在一起诗酒唱和，游山玩水，关系十分密切。后来，变法大幕拉开，章惇成了王安石的得力干将，苏轼成了反对新法的"急先锋"，即便如此，两人的友情仍然经住了考验。"乌台诗案"案发后，章惇以一己之力"舌战"众臣，要求释放苏轼，这样的朋友令苏轼十分感动。苏轼落难黄州，亲朋好友都把他当成"瘟神"，唯恐避之不及，章惇却"存问甚厚，忧爱深切"，不仅送来药物，还让自己的儿子拜在苏轼门下，表明自己的态度。

朝中风云变幻，几年后，旧党得势，苏轼与章惇位置互换，章惇成了众矢之的，受到旧党众人围攻，甚至被列为"三奸""四凶"之一。彼时，苏轼则返回朝堂，成了太后面前的"大红人"，苏轼本应该助好友一臂之力，却一言不发，更"要命"的是，苏辙也加入了围攻章惇的行列，给了章惇致命一击。不久，章惇被贬知汝州。更匪夷所思的是，没过多久，苏轼也亲自下场，上奏《缴进沈起词头状》，弹劾章惇附和王安石谋求边功，草菅人命。之后，章惇再次被贬岭南。当时，岭南还是未开化的地方，瘴气横生，毒虫遍地，被贬到岭南几乎等于被宣判死刑。得到这个消息后，苏轼还专门写信对章惇说，恭喜你实现了"归安丘园"的梦想，不像我，还要在朝中应付公务。

在苏轼看来，他最大的梦想就是归园田居，如今好朋友实现了这一梦想，他自然无比羡慕，可是，在章惇看来，苏轼是什么用意呢？我落难，你让弟弟落井下石，我被贬，你又上奏章弹劾我，我流落岭南，你又专门写封信来嘲笑我？怨恨的种子就此埋下。

"报仇"的时机终于让章惇等到了，一朝宣麻拜相，他立刻将变法派旧人组织起来，占据言路，手握"尚方宝剑"，章惇第一个要"斩"的就是这对"忘恩负义"的苏家兄弟！

上有所好，下必甚焉，如今从天子到宰相，摆明了要和元祐旧臣算账，官员们自然懂得。于是，几天后，出现了很多弹劾苏轼兄弟的奏折，说的还是"讥讽先帝"的陈年旧事。

四月间，朝廷诏命下达，苏辙贬知汝州，苏轼剥夺端明殿学士、翰林学士称号，贬知岭南境内的英州，即今天的广东英德市。古人所说的岭南，即大庾岭、骑田岭、都庞岭、萌渚岭、越城岭，五岭以南地区的泛称，大致包括今天的广东、广西、云南东部、福建西南部，在当时还属于"化外之地"，宋人陶弼长期在岭南为官，曾作诗《宜阳》描述当地的奇风陋俗云："孤城溪洞里，闻说已堪哀。蛮水如鲜血，瘴天如死灰。吏忧民置毒，巫幸鬼为灾。风土如斯恶，吾来胡为哉。"

在大多数宋人眼中，这样的地方无异于阿鼻地狱。由于宋太祖赵匡胤曾立下不杀文官的规矩，因此，宋代想要置文官于死地，流放岭南是最好的选择。寇准、丁谓、卢多逊等名臣都曾被流放岭南，其中，卢多逊与寇准都病死在贬所。新旧党争开始之后，岭南一度成为贬谪"热门目的地"，被贬到此处的官员有蔡确（病死在贬所）、章惇，后有苏家兄弟，梁焘（病死在贬所）、刘挚（病死在贬所）、吕大防（死在途中），到徽宗年间，被贬岭南的官员更是数不胜数。

"文官杀人不用刀，贬谪岭南命自消。"这一点苏轼自然十分清楚，也早有心理准备，事情有了结果，他心里反而有种说不出的轻松。走吧，身不由己，皇命难违，这个五十九岁的老人只有认命的份。

就在苏轼颤颤巍巍地收拾行李准备南行时，朝中有人弹劾他"罪大责轻"，苏轼再降一级。在前往英州的途中，苏轼的身体实在受不了陆路的颠簸，上疏请求改乘舟船。没想到，他不仅没有等来朝廷的恩旨，反而迎来当头一棒："左承议郎、新差知英州苏轼……特责授宁远军节度副使，惠州安置。"惠州即今天的广东省惠州市，比英州更偏远。

这份制词由林希起草，章惇授意，言语十分恶毒刻薄，甚至对苏轼这位过去的好友展开人身攻击，说他"辩足惑众，文足饰非，自绝君亲"，又说什么"保尔余息，毋重后悔"，意思是先留下你这条命，以后老实点。

苏轼看完后，旁边有人说这个林希倒是有几分文采，他却轻蔑一笑，道："林大（林希别称）亦能作文耶！"

至此，苏轼还在路上，贬谪的制命已经改了三次，足见章惇心中恨意之深。

第三十九节
南　行

在旧日好友章惇细致入微的"关照下"，苏轼被贬为建昌军司马，惠州安置，不得签署公事，而且还要受当地官员监视，不得离开，跟当年黄州的情况几乎一模一样。不过，与当年不同的是，如今的他已经被生活千锤百炼，心中少了一分惶恐，多了一分淡然。

话虽如此，从定州到惠州，路途遥远，花甲之年的苏轼又有一身旧疾，一路车马颠簸，苦不堪言。苏轼一家人四月间从定州出发，先是陆行向南，到达汴梁附近的陈留，绕道临汝见了苏辙一面，接着乘船南下经金陵到当涂。

在金陵时，崇因禅院新造了一尊观音像，苏轼向来崇佛，便在观音像前许下心愿："如果今生有幸能够北归，一定前来还愿。"他想着，当年韩愈不也一样被贬潮州，最后平安北归了吗？抬眼间，他看到不远处的山峦，又想到韩愈当年过秦岭时绝望地写下："云横秦岭家何在，雪拥蓝关马不前。知汝远来应有意，好收吾骨瘴江边。"心中又生出一股豪气：韩退之做得到，我苏东坡一样可以。

苏轼到达当涂时正值盛夏，六月的天，酷暑难当，又逢多变天气，一会儿风一会儿雨，苏轼坐在船里闷得难受，晃得心烦。船行到慈湖夹时被大风所阻，无法前进，篙师索性系上缆绳，不走了。苏轼想着自己和家人前途未卜，翻来覆去睡不着。忽然，一阵呼噜声穿过惊涛，清清楚楚地传入苏轼耳中，他侧头一看，只见篙师正在风浪中酣然大睡，活像个睡罗汉。苏轼心中大悟，作《慈湖夹阻风五首·其一》：

捍索桅竿立啸空，篙师酣寝浪花中。
故应菅蒯知心腹，弱缆能争万里风。

这首诗的大意是：篙师之所以能够酣然入睡，是知道这细弱的缆绳能抵挡万里风浪，我苏轼又有什么好怕的呢？慈湖夹一路，苏轼一口气作了五首诗，最后写道："且并水村欹侧过，人间何处不巉岩。"此句颇有佛家"众生皆苦"的意味，想要摆脱苦难，只有自度，好在苏轼是个自度的行家里手。

此去惠州，山高水远，生死未卜，不能让一家人跟着他受苦。到达当涂县时，苏轼在林荫下为一家人做了安排。苏迨一家及苏过的妻儿去江苏宜兴投奔长子苏迈，自己与幼子苏过赶去惠州。按他原本的意思，侍妾朝云不必跟着他一起遭罪，一个六十岁的老翁做这样的安排，可见是没有打算活着回去的。可是，朝云对苏轼不离不弃，坚决不肯离开，苏轼大为感动。于是，一家人在当涂挥泪诀别，分道扬镳。

可怜的老人，兜兜转转，如今身边又只剩下了一个儿子，跟当年被贬黄州时别无二致。

只是，章惇对苏轼的恶意还远不止此。高太后崩逝后，章惇几乎一手包揽了整个北宋王朝的政权，大多数官员都唯他马首是瞻，曾布曾说："人主操柄，不可倒持，今自丞弼以至言者，知畏宰相，不知畏陛下。"朝中的一切事务都要经过章惇点头才能执行，而苏轼的悲剧实际上是他一手策划的。

苏轼被贬后，章惇下了两道命令：第一，沿途官员凡是对苏轼礼遇、提供帮助的，全都要追责；第二，和苏轼有新仇旧怨的官员，都被安排在沿途上。这不，八月初，苏轼乘坐的官船刚到南康军地界，五百名官军就已经在岸边等着了。

当时已经是三更时分，苏轼吓了一跳，知道自己又被"安排"了。官兵们气势汹汹地冲上船来，说是要奉命没收苏家父子的官船。苏过年轻气盛，当时便要发火，苏轼赶紧拉住儿子，低声下气地求对方宽限半日，让他们能够赶到南昌，官兵们倒也好说话，当下同意了。于是，苏家一行人只好星夜兼程。

官兵们通融了，可是，湖面要是没有风，无论如何是到不了南昌的，碰上逆风更难。好在苏轼经常求雨，求风自然也不在话下，他站在船头，双手合十道："顺济王，我宦海沉浮三十年，咱们也算是老相识了，如今我流离失所，想借老友一臂之力，助我在明天中午到达南昌。"

苏轼话音刚落，湖面就刮起了风，船帆吃饱了风，一路疾行，终于在中午到达南昌，苏轼这才得以买舟继续南下。八月初七，船行入赣江，水流湍急，风急浪高，更有桃园滩、白涧滩等十八处险滩，一路上十分凶险，苏轼作《八月七日初八赣，过惶恐滩》：

> 七千里外二毛人，十八滩头一叶身。
> 山忆喜欢劳远梦，地名惶恐泣孤臣。
> 长风送客添帆腹，积雨浮舟减石鳞。
> 便合与官充水手，此生何止略知津。

这处，原本叫黄公滩，苏轼故意写作惶恐滩。南宋灭亡时，元军统帅张弘范让文天祥写"劝降信"，让南宋在崖山的流亡朝廷放弃抵抗，文天祥写下《过零丁洋》明志："惶恐滩头说惶恐，零丁洋里叹零丁。"说的也是这里。

九月间，苏轼到达岭南。他站在大庾岭上，望着远处群山连绵，俯瞰脚下云雾缭绕，心中一片清明，尘世间的烦恼顿时消散，只觉得通透明澈，清净光明，于是作《过大庾岭》：

> 一念失垢污，身心洞清净。
> 浩然天地间，惟我独也正。
> 今日岭上行，身世永相忘。
> 仙人拊我顶，结发授长生。

这首诗的后四句，前两句化用白居易的"可怜身与世，从此两相忘"，后两句化用李白的"仙人抚我顶，结发受长生"。这一刻，苏轼决定抛下中原的一切，抛下旧日的残躯，以全新的姿态来迎接生活。其实，归园何必有固定的处所，田居又何必拘泥于形式呢？岭南的风物哪有世人说的那样不堪。

苏轼在岭上一路前行，心里十分畅快，只觉神清气爽。在密州时，苏轼与庄子结缘，十分向往那种"御风而行"的世外高人，如今的他，孤身来到岭南，孑然一身，没了官场的牵绊，没了名声的拖累，甚至连"身世"都"永相忘"了，这不正是庄子所谓"至人无己，神人无功，圣人无名"吗？

行走间，苏轼在林间碰到两位道士，可是，那两人只看了他一眼便匆匆离开。苏轼是个喜欢寻道访仙的人，哪有"放过"他们的道理？于是，苏轼紧赶几步，终于发现了几间茅屋，道士正在屋前说话。

两个道士问明身份后，才知道是名扬天下的苏学士。苏轼说，自己生平被文章所累，道士却不以为然道："福祸相依本是人生常态，难道不写文章就没有这些事了吗？"苏轼恍然大悟，感叹世外果然能遇高人。

告别大庾岭后，苏轼到韶州参拜了南华寺。南华寺是六祖慧能的道场、岭南佛学圣地，苏轼作《南华寺》一诗，说自己之所以专程前来参拜，是为了认识自己的本来面目，"我本修行人，三世积精炼。中间一念失，受此百年谴"。希望能够借禅师的"锡端泉",洗净尘世间的烦恼。

苏轼本来就是佛道兼修的人,如今被贬岭南,官场失意到了极点,却重新打开了修行之门,也算是一种福缘。之后,他与幼子同游道教第七洞天——罗浮山朱明洞,作诗说:"东坡之师抱朴老,真契久已交前生。玉堂金马久流落,寸田尺宅今谁耕。"抱朴子葛洪是丹道大家,苏轼说他是自己的老师,"玉堂金马"说的则是自己,这些年的宦海沉浮,如今看来竟如黄粱一梦,惠州算是梦醒之地。

第四十节

苦中作乐

绍圣元年（1094年）十二月，苏轼到达惠州。出乎意料的是，当地百姓和官员对他十分热情，扶老携幼夹道相迎，只为一睹苏学士的风采。苏轼大为感动，作诗说自己好像进入了梦境一样，道旁的百姓看着居然似曾相识，十分亲切，哪里有一点"蛮夷"的样子？

更令他惊喜的是，当地知州詹范对他仰慕已久，把他安置在当地最高规格的宾馆合江楼居住。苏轼对这处住所十分满意，在楼上远眺两江，观山看海，饮下一杯当地名酒罗浮春，好不快意，作诗道"楼中老人日清新，天上岂有痴仙人"。来惠州的一路上，苏轼在心中预想了无数次当地的毒瘴、野蛮与荒凉，也提前做好了被当地官员刁难的心理准备，最好的结果就是在黄州一样，能够寄居在寺庙里，有一口饭吃就好。来到惠州之后，百姓的热情和詹范对他的爱戴都与他的心理建设相差万里，两相对比，幸福感自然"爆棚"。

到达惠州，照例要给朝廷写谢表，苏轼在表中对哲宗进行了感谢，说自己被言官围攻，"尚荷宽恩，止投荒服"，得以保全性命。不过，他也说道，岭南是"瘴疠之地，魑魅为邻。衰疾交攻，无复首丘之望"，怕是此生再也没有机会报效朝廷了。

不过，苏轼到底是犯官的身份，不能在宾馆久住，十几天后，他就被安排到了荒僻的嘉祐寺。嘉祐寺地处郊外，人烟罕至，僧舍由于年久失修，大多已经破败，杂草丛生，一到晚上便蚊虫横飞，条件恶劣。可是，苏轼不以为意，能有个地方遮风挡雨，对他来说就已经足够了。

嘉祐寺不远的山顶上有个松风亭，是个风景宜人的好去处，苏轼常去，尤其是冬天，亭子附近梅花盛开，放眼望去一片烂漫。苏轼一阵恍惚，不禁想起自己奔赴黄州时在山岭间看到的梅花，于是写下"春风岭上淮南村，昔年梅花曾断魂"的诗句。不过，苏轼到底不是个喜欢伤感的人，诗的最后，他一如往常地振作精神，写道："先生独饮勿叹息，幸有落月窥清尊。"很有王昌龄"洛阳亲友如相问，一片冰心在玉壶"的况味，看来无论什么时代，有风骨的人总是能够心意相通的。

苏轼是个老饕，无论走到哪里，无论生活过得多苦，都要祭一祭自己的"五脏庙"。这不，正在观赏梅花的诗人站在岭上往下一看，这边是桄榔园，那边是荔枝园，苏轼不由得口舌生津，想起了荔枝的美妙来。

岭南虽然物产贫乏，但水果绝对管够，尤其是荔枝。要知道，当年杨贵妃为了能够吃上新鲜的荔枝，玄宗不惜耗费巨大的人力、物力、财力，用快马从岭南将荔枝送到京城，这才有了"一骑红尘妃子笑，无人知是荔枝来"的绝唱。而如今，落魄的苏轼就在荔枝产地，伸手就能吃到，岂不是比贵妃还要美上三分？

这不，到惠州的第二年，苏轼就吃到了新鲜的荔枝，一时间竟不知世间还有什么能与之媲美，于是感叹道"日啖荔枝三百颗，不辞长作岭南人"。

岭南的荔枝不稀奇，但肉可就要贵多了，尤其是羊肉，一般百姓是绝吃不起的。当时学子中流传着一个说法："苏文熟，吃羊肉；苏文生，吃菜羹。"意思是熟读苏轼的文章，做了官之后就能吃羊肉了；如果不熟读苏轼的文章，那就只能落榜吃菜羹了。如今，这个"苏文"的本主却在惠州望"羊"兴叹。

当时，偌大的惠州城一天只杀一只羊，肉大部分都被官绅们买去了。苏轼被罢了官，囊中羞涩，又实在馋得不行，只好拿着铜板到屠户那里买点羊脊骨，煮熟之后捞出，在米酒里一腌，撒上盐巴一烤，美味无比，"如食蟹螯"。

苏轼对自己"发明"的美食十分得意，还专门写信告诉了苏辙，并在信的末尾说："这法子要是流传开来，世上的狗怕是要不高兴了。"这样的境遇，苏轼还是没有失去自己的乐观本色，这才是"不以物喜不以己悲"的真谛。

苏轼是个闲不住的人，平生最喜交游，他很快就和邻居们打成一片，还与知州詹范交上了朋友。詹范是苏轼的重要拥趸，经常邀请他到家中做客，给他送些酒菜吃食。常言道"来而不往非礼也",苏轼口袋空空,只好到江边钓些鱼给詹范送去,一来二去,两人的关系也越发亲密起来。

不久,有一个好朋友前来探望,苏轼喜出望外,这人说起来也是个奇人,名叫吴复古,字子野,号远游。

吴复古出身官宦世家,父亲官拜翰林侍讲,他本人也博学多才,可是,他对仕途没什么兴趣,一心只想做个云游四海的修士。

苏轼与吴复古相识,是在他从密州改知徐州时。两人都是精通儒道的大家,一见如故。苏轼后来追忆吴复古时说,"而子野一见仆,便谕出世法"。从此,两人便开始书信往来,没有间断。后来,苏轼被贬黄州,吴复古专程前来探访,这是两人的第二次见面。再到后来,苏轼任定州太守,吴复古又赶来看他,再到这次的惠州,两人一共见过四次。这一次,吴复古一住就是三个月。

对于吴复古,苏轼心里十分敬佩,又十分感动。无论在黄州、定州还是惠州,都是他人生的低潮期,亲朋好友避他如同瘟疫,吴复古却每次都能雪中送炭,这样的朋友才是真朋友,真知己。

这一次,苏轼仍然十分狼狈,吴复古不仅没有安慰他,还对他说:"世间繁华本就是黄粱一梦,你还没有醒悟吗?"苏轼当然醒悟了,不然也不会时刻想着急流勇退,就连宰相也不想做。他回想起两人初次见面的场景,吴复古就"谕出世法",只是他当时哪能想到自己如今的境遇。

第四十一节

借刀杀人

苏轼这边苦中作乐，章惇仍没打算放过他。他知道苏家有个仇人程之才，便想到了"借刀杀人"。程之才就是苏八娘的丈夫，被苏洵痛骂刻薄寡恩、不仁不孝、不知廉耻，并断绝一切来往的那位。章惇这一手，不可谓不毒辣。为此，章惇特命程之才为广东提刑，想要他利用职务之便逼害苏轼。

苏轼知道程之才要来，心里十分忐忑。他与这位兄长长年没有来往，也不知道他要用什么办法来对付自己。不过，为今之计，只有兵来将挡，水来土掩。他先委托好友侯晋叔到广州问候程之才，顺便打探一下对方的虚实。没想到，侯晋叔回来却说，程之才对他的处境非常关心，并没有想要落井下石的意思，苏轼这才放下心来，写了封信说：如果有幸能见上一面，将会无比欣慰。不久，苏辙来信，说自己在湖口见到了程之才的儿子，知道对方没有恶意，苏轼这才放下心来，给程之才写了第二封信，以"老兄"相称，说自己是罪官身份，不能远迎，希望对方不要介意。程之才回信说，自己这次来，其实是为了消弭两家旧日的仇怨。苏轼大喜。

绍圣二年（1095年）三月初，程之才到达惠州，苏过赶到江边迎接。第二天，程之才便带着礼物来看望苏轼，他见僧舍破旧，苏轼一家人过得十分辛苦，言语间满是关怀。这对童年的朋友、手足兄弟回忆起在眉山山中采栗子、摘橘子的欢乐时光，又经历了四十二年宦海沉浮，过去的仇怨立刻烟消云散，苏轼不由得感叹，"世间谁似老兄弟，笃爱不复相疵瑕"。程之才在惠州的这段时间，苏轼陪着他到处游山玩水，两家人终于得以重拾骨肉之情，言归于好。程之才请求苏轼为父亲写祭文，苏轼也一并答应了下来。

说起来，苏轼每到一个地方，总要先考察民生，只是他现在是一介罪官，无法处理具体政务，十分苦恼。这一日，他与程之才游玩到惠州东江边，只见江水湍急，水面辽阔，江上却只有一座浮桥，来往十分不便。这些年来，不知道有多少百姓掉入江中，苏轼十分痛心，一直想要修座桥，无奈这样的工程绝不是自己一个人能够做到的。他带程之才过来，就是为了筹款建桥。

程之才身为广东提刑，位高权重，和知州一起筹措了不少款项，可仍然不够。苏轼如今也身无长物，只好把自己唯一值钱的东西——官服上的犀带卖了。不仅如此，他还写信给苏辙。当时，苏辙被贬筠州，还要养一大家子人。不过，他也慷慨解囊，拿出朝廷之前赐给夫人的钱。这样，建桥的钱总算是够了。几个月后，四十艘用铁锁连在一起的大船横贯东江，一座新的浮桥总算建好了。百姓们笑逐颜开，苏轼也深感欣慰。程之才不由得感叹，苏轼自己身处逆境，还要为百姓考虑，这样的人才是国之栋梁。

浮桥修好之后，苏轼又用剩下的钱在城西丰湖也修了座桥，又建了堤，"两桥一堤"的工程顺利落幕，苏轼又完成了一项壮举，在惠州也留下了"苏公堤"，一直沿用至今。

这个结果，章惇无论如何是想不到的，这次隔空交锋，他败得十分彻底。是啊，睚眦必报的人怎么能够想到，世间的仇怨原来是可以化解的，过去的敌人也可以成为朋友。

岭南除了蚊虫，瘴气也是令人闻风丧胆的恶浊之气，中原人怕来岭南，大多也是因为这个。所谓"瘴气"，用科学的说法来讲，就是出现在湿热地区，以疟疾、登革热、痢疾流行为主的传染病，主要的传播媒介是蚊子。古人对瘴气的理解比较模糊，将其归因于地理环境中的不良气候、湿度和空气中的有害物质，认为是一种阴邪之气，可能引发体内的不良反应，导致疾病和瘟疫。

瘴气横生造成了两个后果，一是瘟疫时常流行，百姓缺医少药；二是死亡率高，路边常有无人掩埋的尸骨。为此，苏轼提议将无主野坟的骸骨集中到公共墓地安葬，为此，他还写了一篇《惠州官葬暴骨铭》。后来，这项提议成了定制，惠州方圆几百里的无主枯骨都得到了安葬。对于治瘟疫，开医院，苏轼可谓轻车熟路。当时，广州瘟疫流行，苏轼便给朋友王古写信筹措资金，创办了医疗机构，无数百姓都得到了救治。

苏轼不仅建医院、埋枯骨，还进一步想到了疾病的源头。当时，惠州人喝水是个大难题，由于当地靠海，地下水又苦又咸，无法饮用。苏轼便在城中打井，用竹子制成水管，将山泉水引到城中，解决了吃水的难题。

这些事，他在杭州也做过。

绍圣二年九月，朝廷大赦天下，却特别说明苏轼等元祐党人不在其中，且终身不得北归。消息传到惠州，至此，苏轼彻底断绝了返回中原的念头，准备建造屋舍，终老岭南。

经过一番精挑细选，苏轼在白鹤峰上选了一块地方，准备盖上十几间屋子，周围种上花草果树，荔枝树和橘子树是一定要有的。另外，他还想着再开一片地，有在黄州几年的经验积累，种地这事可难不倒他。

周围的百姓听说苏学士要建房子，立刻奔走相告，前来相助，苏轼自己也加入建房的队伍，干得热火朝天。他看着眼前即将落成的新居，又看了眼身旁的朝云，想着到时候把孩子们接过来团聚，从此做个岭南人也没什么不好。想着想着，六十岁的老人又有了新盼头。为此，苏轼还写了首《迁居》来表达自己的喜悦之情，其中有两句写道："已买白鹤峰，规作终老计。长江在北户，雪浪舞吾砌。"

然而，在这样热切的盼望中，就在新居即将落成时，苏家再次迎来噩耗，朝云病逝，年仅三十四岁，苏轼悲痛欲绝，难以接受这样的事实。他想起与朝云相处的点点滴滴，朝朝暮暮，心如刀绞。

对苏轼来说，朝云不仅是他的侍妾，还是红颜知己，是最懂他的人。从杭州到惠州，朝云一直跟着他不离不弃，一路翻山越岭，跋山涉水，走遍了大宋王朝的大半个疆域，如今离他而去，怎能不令他肝肠寸断？苏轼写了无数悼文，夜夜都梦到朝云，然而斯人已逝，只留下世间这个孤独的老人。

绍圣四年（1097年）元月，新居终于落成，苏迈带着一大家子前来惠州团聚，苏轼非常高兴，满心想着要在惠州了此残生，过几年平静的生活。然而，树欲静而风不止，远在京城的章惇听说苏轼在惠州吃着荔枝，住着新房，过得舒心无比，这简直比杀了他还难受。于是，这位宰相又想出了新花样，一定要把这个昔日的好友折磨致死不可。

苏轼再次被贬儋州，苏辙被贬雷州，兄弟二人，天各一方。儋州即今天海南岛西北部的儋州市，雷州即今天的广东省雷州市。在章惇的操纵下，苏家这对难兄难弟隔海相望，再次踏上放逐之路。

第四十二节

儋州岁月

在前往儋州的路上,苏轼听说弟弟被贬雷州,赶着与他相见,兄弟两人终于再次聚首。苏辙一路把哥哥送到渡口边,看着兄长远去的背影,心中感慨万千,不由得想起当年"夜雨对床"的约定,如今只能隔海相望了。他心中更怕一眼之后就永远见不到哥哥了。

这次到儋州,苏轼身边仍然只带了苏过。绍圣四年(1097年),他已经六十二岁,年老力衰,六月,父子俩在琼州登岸赶往儋州,路上忽然雷声大作,一场急雨骤然而下。苏轼站在岛上,看着周围氤氲的水汽,听着海浪拍岸的声音,不由得想起庄子所说的"顺流而东行,至于北海,东面而视,不见水端",心里升起一股豪迈之情,人生天地之间,如同沧海一粟,一时的得失荣辱有什么所谓?于是作《行琼、儋间,肩舆坐睡,梦中得句,云:"千山动鳞甲,万谷酣笙钟。"觉而遇清风急雨,戏作此数句》,其中有几句是:"急雨岂无意,催诗走群龙。梦云忽变色,笑电亦改容。应怪东坡老,颜衰语徒工。久矣此妙声,不闻蓬莱宫。"

苏轼的豪迈是藏在骨子里、血液里的,无论如何被打压,这股浩然之气都将长存于胸中,化作诗文,诉诸笔端,流传千年,鼓舞无数后人,这就是他最大的魅力。

七月,苏轼父子到达儋州,租了间破屋子住下,苏轼照例向朝廷写谢表,这次,他对北归彻底无望了,说自己"生无还期,死有余责""子孙恸哭于江边,已为死别;魑魅逢迎于海外,宁许生还"。

比起惠州,儋州确实对得起蛮荒之地的称号。苏轼在给程之才的信中写道:"此间食无肉,病无药,居无室,出无友,冬无炭,夏无寒泉。然亦未易悉数,大率皆无耳。"他只能和苏迈住在仅能遮风挡雨的茅草屋里。在《书海南风土》一文中,苏轼写得更加详细,他说这里"天气卑湿,地气蒸溽""夏秋之交,物无不腐坏者",不适合人类居住。然而,苏轼实地考察一番才发现,当地有很多百岁老人,八九十岁的老人也不在少数,可见人的命数并不由环境决定。写完搁笔,苏轼准备上床睡觉时,发现帷帐竟有许多白蚁,已经腐烂了,更加感叹不已。

儋州这样恶劣的生存环境,章惇似乎是如愿了。然而,没过多久,苏轼就和周围的邻居们打成了一片,结交了很多土民,适应了这里的生存环境。更令他喜出望外的是,这样的蛮荒之地竟然还有几位老书生,几个人经常携手同游,"步西城,入僧舍,历小巷",一直游玩到深夜才舍得回家。听着屋内的鼾声,苏轼放声大笑，几位友人问他为何发笑，苏轼说，他笑自己，也笑韩退之。当年，韩愈的门生让他在洛水钓鱼，韩愈说，洛水很浅，是虾蟆、雀儿戏游的地方，不值得垂钓，想要钓鱼，必须去更远的地方，最好是海边，他哪里知道，即使住在海边的人，也未必就能钓上鱼。原来，当年韩愈的门生侯喜在官场奔走十余年，不获知遇，韩愈便作《赠侯喜》借钓鱼喻事，告诉他"君欲钓鱼须远去"。而侯喜所求的，正是苏轼唯恐避之不及的，他自己就是曾经的"海边"人，如今流落儋州，鱼又在哪里呢？

苏轼笑人笑己，笑的是执迷不悟。换句话说，此时的他已经彻底看开了，放下了，成了世间逍遥的"散人"，谪仙。此时的他已经适应了蛮荒之地的生活，吃得饱，睡得好，连生死都置之度外了。

人一老就喜欢回首往事，苏轼也不例外。在儋州，苏轼总是喜欢睡觉，一次靠在窗前午睡，醒来已是黄昏时分，他看着天边的晚霞，想起自己在黄州的岁月，作《独觉》：

瘴雾三年恬不怪，反畏北风生体疥。
朝来缩颈似寒鸦，焰火生薪聊一快。
红波翻屋春风起，先生默坐春风里。
浮空眼缬散云霞，无数心花发桃李。
倏然独觉午窗明，欲觉犹闻醉鼾声。
回首向来萧瑟处，也无风雨也无晴。

结尾这两句，对应的正是在黄州所作的《定风波》后两句："回首向来萧瑟处，归去，也无风雨也无晴。"

苏轼是个爱交朋友的人，即使在荒凉的海南也交到了不少朋友，地方官张中便是其中之一。张中，河南开封人，熙宁三年（1070年）进士，"少诵十三篇""颇能口击贼""戈戟亦森然"。其实，能到这个地方任职的，要么是朝中没什么人，要么就是得罪了朝中的什么人，张中属于前者，不过，他是苏轼的"铁杆粉丝"。他听说"偶像"要来，激动得不得了，第一时间赶去拜谒，给他们送了不少物资。后来，他又专门派兵将破旧不堪的驿舍修葺了一番，让苏家父子居住。然而，就是这样的破房子，章惇也不愿意让苏轼住。第二年，他就派自己手下的得力干将董必前来视察。这个董必是出了名的小人，靠阿谀奉承上位，深受重用，他知道，这次来海南，就是为了给苏轼添堵的。这不，刚到雷州，他就把苏家父子赶出了驿馆，张中也被免了职，这样的小人，就连他的副手都看不下去，劝他"做人留一线"。

被赶出驿馆之后，苏轼更惨，好在有朋友的帮助，为他在桄榔园里盖了几间茅屋，这才免了露宿野外之苦。为建这几所茅屋，苏轼花光了所有积蓄，"囊为一空"，连饭都吃不上了，怎么办？没过多久，苏轼就想了个很绝的办法：吃阳光。这事，他一五一十记在《辟谷说》中："洛下有洞穴，深不可测"，有人掉了进去，每天只吃阳光，"遂不复饥，身轻力强"。后来回家之后，终身不再吃饭，"元符二年，儋耳米贵，吾方有绝粮之忧，欲与过子共行此法"。

可怜的大学士,如今只能靠着吃阳光过活,以至于越来越瘦,还调侃说:"听说神仙都很瘦,我又掌握了辟谷的法门,不久后应该就能成仙了。"

苏轼没有升仙,关于他升仙的传闻却不少,还有说他死了的。后来,苏轼在《书谤》中写道:"今谪海南,又有传吾得道,乘小舟入海,不复返者。京师皆云。"有个传得特别玄的,说苏轼突然消失了,"独道服在耳,盖上宾也"。没办法,和苏轼有关的传闻就是能引发强烈关注。

早在赴儋州之前,苏轼就听说这里的土人十分野蛮,然而,一件小事却改变了他的看法。一次,他在路上遇到一位土人妇女,那妇女刚用柴换了一匹棉布,在荒凉的海岛上,棉布是十分匮乏、贵重的物品。然而,那妇女见苏轼是外来客,又弱不禁风,便把棉布送给了他。苏轼不禁感叹,土人的淳朴,比中原人还要强上不少。后来,随着他的土人朋友越来越多,苏轼更加深刻地意识到,儋州之所以贫困,一是迷信,有病不治,二是缺乏教育,三是不懂耕作,而这些正是他所擅长的。

为此,苏轼开始教土人耕作,又从岛外买了许多药材,又教土人耕作之法,在当地办起了学堂,海南三州慕名而来的人络绎不绝,其中有个叫姜唐佐的,苏轼十分看中,鼓励他去参加科举。临行前,姜唐佐让苏轼在自己的扇子上题诗,苏轼写道:"沧海何曾断地脉,白袍端合破天荒。"并许诺等他来日高中,再补足全诗。后来,姜唐佐金榜题名,成了海南岛第一位进士,不过,苏轼已经看不到,也无法再为弟子续上诗篇了。

崇宁二年（1103年），姜唐佐在汝阳遇见苏辙，彼时苏轼已溘然长逝，苏辙为兄长补全了诗作："生长茅间有异芳，风流稷下古诸姜。适从琼管鱼龙窟，秀出羊城翰墨场。沧海何曾断地脉，白袍端合破天荒。锦衣他日千人看，始信东坡眼力长。"

第四十三节
溘然长逝

在儋州三年，苏轼没了政务缠身，没了朝中的人事纷扰，虽然生活条件十分艰苦，但仍然将苦中作乐的精神发挥到了极致。闲来无事，他总喜欢背上竹篓，四处采药，偶有所得还会记下来。除此之外，酿酒、制墨、烧菜，他也都兴致盎然地一一尝试。椰子成熟时，他不仅尝了椰汁，吃了椰肉，还把椰子壳做成帽子戴在头上。

六十多岁的老人，说没想过落叶归根那是假的，苏轼常对儿子说："我绝不会老死在儋州。"日有所思夜有所梦，元符二年（1099年）末的一天，苏轼做个了很奇怪的梦。梦中，韩琦驾鹤而来，告诉他马上就可以回去了。第二天，苏轼欣喜若狂，把这件事告诉了儿子苏过。他立刻想了个占卜的法子，将自己生平所作的八篇赋全部默写一遍，如果一字不差，那就是能回去了。

说罢，苏轼立刻研磨、焚香、铺纸，正襟危坐，执笔落墨，笔翰如流，写完自读，八篇赋果然一字不差。苏轼欣喜若狂，只等北归的消息。

果然，新年伊始，朝中就传来了好消息。元符三年（1100年）正月，哲宗在福宁殿崩逝，年仅二十四岁。哲宗身体羸弱，身后无子，册立新君成了大问题。

当时，向太后想要立哲宗弟弟端王赵佶为帝，宰相章惇立刻提出反对意见，认为端王为人轻佻，不能胜任，应该按照礼法立哲宗同母弟简王赵似。最终，在曾布、蔡卞等大臣的支持下，端王赵佶成功登基，是为宋徽宗。

徽宗即位后，与向太后共同理政，太后本就是坚定的守旧派，当政之后，立刻召韩琦长子韩忠彦回朝，同时以霹雳手段罢免了变法派的大量官员，章惇自然也不能幸免。就这样，守旧派官员们终于重新迎来"春天"，纷纷恢复名誉，获得提拔。

彼时，"苏门四学士"之首的秦观被列为"余官之首"，受苏轼牵连，"除名，永不收叙，移送雷州编管"。师徒二人隔海相望，竟没有机会见上一面。秦观与苏轼一生的境遇十分相似，一样的仕途坎坷，一样的怀才不遇，不同的是，他没有恩师那样乐天知命的性格。被贬雷州之后，秦观意志消沉，在绝望中身体也每况愈下，自感时日无多，甚至为自己写了《挽词》："奇祸一朝作，飘零至於斯。弱孤未堪事，返骨定何时。"自作挽词，这是何等的悲凉与无助。

秦观的性格，苏轼自然深知。五月间，朝廷诏命到达海南，苏轼被任命为廉州安置（今广西廉州镇），秦观复命宣德郎，放还横州（今广西横州市）。苏轼难以抑制心中的激动，喜极而泣，没想到自己风烛残年,居然还能返回中原。

六月,苏轼父子终于踏上了返航的船,前往雷州半岛。六月二十日夜,船行海上,微风和煦,海波粼粼,想到即将见到旧日亲友,苏轼心情无比畅快,扣舷而歌。被贬岭南七年,一度以为要客死他乡,亲人远隔万水千山,如今要与他们团聚,让人怎能不激动、不歌唱呢?

船抵雷州,苏轼终于见到了日思夜想的秦观,"偶相逢,惨愁容。绿鬓朱颜,重见两衰翁"。是啊,当年"我独不愿万户侯,惟愿一识苏徐州"的意气风发好似还在昨日,一转眼,两人都成了垂垂老矣的白发老翁。

一番感叹之后,苏轼拿出一把折扇给弟子看,折扇上写的正是秦观所作《踏莎行·郴州旅舍》:"雾失楼台,月迷津渡。桃源望断无寻处。可堪孤馆闭春寒,杜鹃声里斜阳暮。 驿寄梅花,鱼传尺素。砌成此恨无重数。郴江幸自绕郴山,为谁流下潇湘去。"

这首词是秦观贬谪途中所作,充满伤感与悲情。秦观见恩师将自己的词作随身携带,自然又是一番感动,当下拿出自作的《挽词》,苏轼看后老泪纵横。

这次重逢,师徒两人都十分重视,分别作文纪念,苏轼作《书秦少游挽词后》,秦观作《江城子·南来飞燕北归鸿》。人生如浮萍,短暂的相聚之后,苏轼便别过秦观,继续北上,谁也没想到,这次重逢竟成了永别。八月,也就是五十多天后,秦观行到滕州,口渴难耐,让仆人给自己讨口水喝,等仆人将水送到时，秦观面含微笑，已然离世，享年五十二岁。

秦观诗词文赋俱佳，一生历尽坎坷，所作诗文感人至深，清人李调元称其为"首首珠玑，为宋一代词人之冠"。

得到秦观离世的消息时，苏轼行至广西郁林（即今桂林），悲痛欲绝，连着两天茶饭不思。九月，苏家父子抵达梧州，与家人约定在广州相会。九月底，苏轼抵达广州，十月，苏迈终于带着家人来到广州，苏家终于团聚。掐指一算，苏家人骨肉分离竟然已经七年，讽刺的是，这一切的始作俑者章惇也被贬往雷州。旧日的宿敌，一个载誉北归，一个仓皇南下，谁也没有想到，这场"大戏"竟然会以这样戏剧性的方式收场。

家人团聚，苏轼唯一的愿望就是能够尽快安定下来，结束这长达数十年的颠沛流离，恰此时，朝廷诏令下达，允许苏轼自行选择地方居住，思前想后，他最终选了常州做一家人的居所，一家人又是一路跋山涉水。

春去秋来，转眼到了第二年（1101年），向太后逝世，朝政都落到了徽宗手上。为了调停两党矛盾，徽宗改年号"建中靖国"，想要以"中正之道"，使朝堂重新安定下来，这时，苏轼已经行至庾岭，故地重游，不免感慨万千，七年前，他就是从这里开始一路遭贬，一直流落到"天涯海角"。

这一日，苏轼一行人在野外的小店里休息，一个老者过来问侍者："这个大官是谁，怎么会到这种地方来？"侍者告诉他，这是苏东坡大人。老者立刻上前拜会说："我听说有人想尽办法来害您，今天您得以调回，是上天保佑好人啊。"苏轼听后含笑致谢，在小店的墙壁上题了一首诗《赠岭上老人》：

  鹤骨霜髯心已灰，青松合抱手亲栽。
  问翁大庾岭头住，曾见南迁几个回。

  是啊，能够重新返回中原与家人团聚，苏轼已经心满意足了，至于旧日的恩恩怨怨，他早就放下了，就算对于"首恶"章惇，他也没有说过一句泄愤的话，甚至连一句牢骚都没有。不仅如此，得知对方被贬雷州后，他还写了封情真意切的长信，说"某（我）与丞相定交四十余年，虽中间出处稍异，交情固无增损也"，嘱咐他"海康风土不甚恶，寒热皆适中，舶到时四方物多有，若昆仲先于闽客广舟中准备家常要用药百千去"，让他放宽心，又安慰他"主上至仁至信，草木豚鱼所知也。建中靖国之意，可恃以安"，让他不要放弃希望。

  六月，苏轼一家到达仪真（今江苏省仪征市），以船为家，当时米芾正在当地办书院，得知苏轼到来后，立刻赶来相见。多年未见的老友重逢，自然有说不完的话。一番叙旧之后，米芾带苏轼参观了自己的书院，还请他在自己珍藏的至宝上题了字，这才心满意足。

  江南六月，铄金流火，苏轼时年已六十六岁高龄，一路车马劳顿，加上暑期难当，立刻便病倒了。米芾得知后，日日过来嘘寒问暖，送汤送药，然而，苏轼的病情却丝毫不见好转，日渐消沉，"某食则胀，不食则羸甚"，甚至到了"病不能动，口亦不欲言"的地步。

苏轼自感时日无多，便给弟弟苏辙写了封信，嘱咐他把自己与王闰之葬在嵩山下。苏辙一直等着与哥哥重逢，没想到竟等到这样一封信，当即泪如雨下。他心中已经明了，此生恐怕再也无法见到哥哥最后一面了。

一直到六月十一日，苏轼的病情才稍见好转，勉强能起身行走。

十五日，船行到奔牛埭，钱济明赶来谒见。苏轼告诉他，自己已经注完《论语》《尚书》和《易经》，想要把这些书托付给他，让他暂时不要公之于世，苏轼起身想要找书箱的钥匙，却怎么也找不到。

不久，船终于抵达常州，之后的一个月中，苏轼的病情时好时坏，家人让他服药，他就是不肯，认为冥冥之中自有天意，顺其自然就好。

七月二十三日，僧人维琳前来探望苏轼，维琳走后，苏轼给他写了一封信，信中说："然死生亦细故尔，无足道者。惟为佛为法为众生自重。"

二十六日，维琳再次前来探望，与苏轼对偈语，维琳不懂鸠摩罗什的典故，苏轼便提笔写道："昔鸠摩罗什病急，出西域神咒三番，令弟子诵以免难，不及事而终，后二日属犷。"这便是先生的绝笔。

鸠摩罗什是东晋高僧，座下弟子无数，临死前，他说出西域神咒让弟子不断诵读，希望能够延长寿命，最终仍然不免一死。

生老病死本就由不得人，得道高僧却参不透生死，这正是苏轼想要表达的意思，也是他对生命的态度：吾生，所以善吾死也。

二十七日，苏轼开始呼吸不畅，气息不支。

二十八日，苏轼病情持续恶化，听觉几乎全失，维琳在他耳边大喊："要努力去西方极乐世界。"

苏轼答："努力就错了。"

建中靖国元年（1101年）七月二十八日，苏轼与世长辞。

次年，苏过遵照遗嘱，将父亲灵柩运至郏城县安葬。南宋高宗时，追赠苏轼为太师，孝宗时追谥"文忠"。

宋代张载在《横渠四句》中总结了读书人应有的人生目标：为天地立心，为生民立命，为往圣继绝学，为万世开太平。苏轼正是这几句话最好的践行者，他一生仰不愧于天，俯不愧于地，不结党，不营私，心里只有百姓和国家，从不考虑个人安危，无数次使自己置身险境，却仍保留着赤子之心。

或许，从始至终，他都是那个眉山少年，那个抬起头问母亲，自己能不能做范滂的少年。

参考文献

康震.康震讲苏东坡[M].北京：中华书局，2018.

李焘.续资治通鉴长编[M].北京：中华书局，2004.

李一冰.苏东坡新传[M].四川：四川人民出版社，2020.

林语堂.苏东坡传[M].张振玉，译.湖南：湖南文艺出版社，2016.

秦晓.苏东坡全传[M].北京：中国友谊出版公司，2021.

司马光等.资治通鉴[M].北京：中华书局，2011.

苏轼.苏轼词[M].刘石，评注.北京：人民文学出版社，2012.

苏轼.苏轼文集[M].北京：中华书局，1986.

苏轼.东坡志林[M].王晋光，梁树风，译.北京：中信出版集团，2015.

脱脱等.宋史[M].北京：中华书局，1985.

王水照，崔铭.苏轼传[M].北京：人民文学出版社，2019.